La autoridad (pedagógica) en cuestión

Una crítica al concepto de autoridad en tiempos de transformación

María Beatriz Greco

HomoSapiens
EDICIONES

Greco, María Beatriz

La autoridad (pedagógica) en cuestión : Una crítica al concepto de autoridad en tiempos de transformación . - 1a ed. - Rosario : Homo Sapiens Ediciones, 2013. - (Enfoques y perspectivas

E-Book.

1. Educación. 2. Pedagogía. I. Título

CDD 370.1

Colección *Enfoques y perspectivas*

Dirigida por Sandra Nicastro

© 2013 – **Homo Sapiens Ediciones**

Sarmiento 825 (S2000CMM) Rosario · Santa Fe · Argentina

Telefax: 54 341 4406892 | 4253852

E-mail: editorial@homosapiens.com.ar

Página web: www.homosapiens.com.ar

Diseño editorial: Adrián F. Gastelú

Diseño de tapa: Estudio Metonimia | Lucas Mililli

Diseño E-Book: Patricio Abratti

A todos aquellos, amigos/as y colegas,
que "autorizaron" estas palabras.

A Sofía y Emiliano –mis hijos–,
que me llevan a renovarlas día a día.

ÍNDICE

Prólogo

¿De quién es la mirada
Que atisba por mis ojos?
Cuando pienso que veo,
¿Quién sigue viendo
Mientras estoy pensando?
¿Y qué camino siguen
No mis tristes pasos, sino la realidad
De que hay pasos conmigo?

F. Pessoa

Si fuera posible sostener por un momento que hacer lugar a una pregunta conjura silencios sobre respuestas retenidas, me atrevo a decir que prologo un libro que conmoverá varias de estas respuestas aún, en su ya saber de qué se trata.

Releo esta frase primera y advierto que provoca y así inicio esta presentación.

El saber pedagógico y sus portadores nos proponen más de una vez hacernos preguntas, plantear preguntas, dejar abiertas preguntas. No por ello no aportan, quizás por las dudas, pistas, para no perder el rumbo de seguros recorridos hacia los puntos de arribo a los cuales habría que llegar con aquellas siempre oportunas preguntas.

Y entonces aquellas preguntas que podrían ser más que un espejismo, que podrían servirnos de pretexto para movilizar entendimientos e inteligibilidades intocables, nos llevan de la mano y no se resisten a salir de lo conocido, para que la educación, en tanto experiencia, nos deje como huella adentrarnos en otros territorios o en territorios de otros.

Simultáneamente también nos encontramos ante quienes en el mismo hacer lugar a una pregunta interrumpen el orden de lo preconcebido. Esta es la opción de María Beatriz Greco en este libro.

Y así la pregunta que enuncia acerca de la autoridad provoca el volver a mirar concepciones, hipótesis, explicaciones que venimos sosteniendo. A través de una propuesta de análisis y un recorrido teórico, que más allá de preocuparse por su adscripción a una posición desde la cual se piensa la educación como praxis política, pone en diálogo la autoridad pedagógica con la igualdad, con la ignorancia, con la voluntad, con la emancipación, con la transmisión, y entonces *es claro que los tiempos que vivimos, marcados por extremas desigualdades, colocan a niños y a jóvenes en problemas y los someten a situaciones dificultosas a menudo sin salida. Sin embargo, con mucha frecuencia todo el análisis parece quedar en la peligrosidad depositada en sus "identidades" violentas o en la incapacidad de sus retrasos personales. Poco se considera la necesidad de desarrollar "otra" autoridad posible, una autoridad política en acto. Esa autoridad que sostiene una relación particular con el conocimiento, que detiene la razón explicadora actualizando la igualdad como no explicación continua de lo que el otro no sabe o no puede, en un modo de relación caracterizado por la confianza.*

Así la estrechez de algunas explicaciones puede ceder. Por qué seguir pensando que será en esas mismas explicaciones donde la pregunta en tanto aquello que conmueve lo ya sabido, será satisfecha por alguna respuesta, que más tarde o más temprano, y casi respondiendo a un mandato del oficio de maestro, deberíamos encontrar en alguna parte.

A su vez a lo largo del libro la autora refleja nuestras voces en los testimonios que presenta y entonces, aquello que concebíamos –o de una intimidad que rozaba con el secreto, o de una comunidad en la cual lo común es un destino anticipado donde ya nada ni nadie en la escuela será como fue, como debe ser o es necesario– no fue más que un ejemplo de la cotidianeidad de muchos de nosotros en nuestro trabajo de profesores, pedagogos, formadores, de maestros ¿ignorantes?

Al decir de la autora esos testimonios *nos hablan de procesos de emancipación de una inscripción en la palabra diferente, una palabra que rompe el consenso, que rechaza los roles del "diálogo" tradicional, que da "voz" y "parte", que subjetiviza. Un sujeto siempre potencial y que no termina nunca de actualizarse porque siempre demanda nuevos gestos, como la igualdad. Una palabra que es acto de emancipación.*

Por esto mismo insisto y vuelvo sobre lo ya dicho: ¿se trata de nombrar y de poner palabras? Seguramente no. Si así fuera, la autoridad pedagógica ya tiene un lugar en el discurso pedagógico, que en realidad es casi una sentencia. Porque hablar de autoridad pedagógica es y fue para muchos limitarse a decir si hay autoridad, si existe la autoridad, o no. Mirada esencialista si la hay, ya que como dice Greco *una autoridad que ya no es pero que insiste en sostenerse se convierte en un conjunto de gestos vacíos sin respuesta.*

En el sí, si la hay, si existe, se aventura la potencia de un ejercicio individual donde las instituciones y las organizaciones no son más que espacios sobre los cuales erigirse. En el no, no la hay, no existe, se acepta una suerte de discontinuidad en las tramas y las generaciones, se admite el haber perdido una batalla ante otros que generalmente desde un supuesto afuera de la escuela provocan su desmoronamiento.

Y todo junto y a la vez, casi ingenuamente, sin advertir ni en el sí ni el no, que la sentencia se realiza sobre una relación: la de un maestro con un alumno, la de un director con un maestro, la de un joven con un adulto, entre tantas otras ligaduras que la escuela ofrece.

Entonces no sólo será cuestión de palabras, sino de sentidos, de escuchas, de miradas, porque como dije en algún otro momento *las palabras no lo dicen todo, las escuchas no lo escuchan todo y las miradas no lo miran todo, de ahí la oportunidad de seguir pensando está habilitada...*

Tal como lo señala Agamben *No es lo posible lo que exige ser realizado, sino la realidad la que exige volverse real...* por lo cual la crítica a un concepto, como Greco lo propone, no es un pensamiento que transgrede el buen decir, ni un pensamiento que de manera conformista asegura nuestras posiciones, ni un pensamiento disciplinado que supuestamente protege. Se trata de un pensamiento que en primer lugar reflexiona acerca de las posibilidades de un ejercicio de una autoridad pedagógica de otro tipo, atento a las condiciones socio históricas que lo producen, a las subjetividades que lo tramitan y las instituciones que le hacen lugar.

De esta manera es la realidad, que comúnmente llamamos cotidiano escolar, la que se propone como objeto de interpelación. Sin necesidad de guardar lealtades, ni de proponer reciclajes superficiales. Muy por el contrario, la propuesta resulta de una autorización, que María Beatriz Greco, se hace y nos hace, para hacer lugar a una pregunta, para plantear una crítica, para intentar un remirar, en el marco de un ejercicio de memoria, de un hacer con otros, que no aglutina ni busca identidades masivas, que instala otro tiempo en el tiempo de todos los días, otro espacio en el espacio habitual y otros discursos en el decir conocido.

En sus palabras, *Estamos parados en el terreno de la invención, allí donde el desierto se vuelve "terreno de juego", recreación de sentido. Las viejas generaciones, los adultos en las escuelas podemos elegir, si la apuesta es decisión singular y colectiva: transformar el desierto en un lugar habitable, sosteniendo nuevas posiciones, arriesgando la mirada, interrumpiendo la queja, haciendo visible otras relaciones. Las nuevas generaciones aún no pueden elegir, en este tiempo de la vida dependen –en gran medida– de nuestras imaginaciones.*

Para concluir este prólogo no quisiera dejar de transmitir desde la resonancia y la implicación un efecto de la lectura de este libro en mí, que Pessoa pone en versos:

Vi que no hay naturaleza

Que la naturaleza no existe, que hay montes, valles,
llanuras,

Que hay árboles, flores, hierbas, que hay ríos y piedras,

Pero que no hubo un todo al que eso pertenezca,

Que un conjunto real y verdadero

Es una enfermedad de nuestras ideas.

La naturaleza es partes sin un todo.

Esto es tal vez el misterio del que hablan.

Fue esto que sin pensar ni detenerme

Me pareció que debía ser la verdad

Que todos andan buscando y no encuentran

Y que sólo yo, por no haberla buscado, pude encontrar.

Con esto sólo quiero decir que se trata de una invitación a ocupar un lugar de receptividad, de estar atento, de esperar, de dejarse llevar y no intentar aplicar, ni hacer nada ya, a no hacer pasajes de lo silenciado a lo dicho, a no traducir linealmente. Aceptar que algunas palabras dichas, que algunas preguntas rápidamente contestadas, que algunas críticas refutadas sin más, son sólo parte de un conjunto de pronunciamientos que esta obra invita a pensar una vez más.

Sandra Nicastro

Septiembre de 2007

Presentación

*Esa capacidad poco común... de transformar
en terreno de juego el peor de los desiertos.*

Michel Leiris

Que la autoridad en cuestión se halla hoy interrogada no es una novedad. Se la piensa ausente en ocasiones, debilitada y derrumbada en otras; no reconocida, en crisis, impotente, devaluada, desarmada, violentada, desencarnada. Algunos discursos la reclaman nostálgicamente en su formato habitual, asociado a un orden jerárquico inconmovible, hecho de lugares de superioridad instalados sobre lugares de inferioridad. Otros la abandonan a su suerte en tiempos difíciles argumentando que ya nada puede sostenerla, con cierta melancolía resignada, o bien dejándose llevar por un individualismo irresponsable... Es que hablar de autoridad es también hablar de lazos, de relaciones, de dos o más de dos y de lo que entre ellos ocurre en el espacio del "vivir juntos". Nuestro primer análisis recorrerá así la posibilidad de pensar a la autoridad ya no como un ejercicio individual, como la tarea de uno en particular o como aquel mandato que se dirige desde uno – que decide, determina, exige– a otro que acepta, obedece, responde (o se rehúsa a todo esto). Situaremos a la autoridad en una trama de encuentros, allí donde al menos dos –en relación asimétrica– entrelazan sus subjetividades en un tiempo y espacio cultural, histórico, social en común, para perpetuarlos y recrearlos.

Es por ello que, en el terreno de la educación, los interrogantes actuales son acuciantes. ¿Es que este encuentro ya no se produce?, ¿es posible educar a partir de una autoridad devaluada o sin autoridad?, ¿de qué está hecha la autoridad del que enseña?, ¿qué transmisión puede garantizar una autoridad pedagógica?, ¿qué ejercicios diversos de la autoridad pueden ser pensados hoy cuando su crisis nos obliga a concebirla de otro modo?, ¿qué puede, hoy, una autoridad?

En este sentido, entendemos que la autoridad puede y debe ser puesta en cuestión, criticada, revisada y pensada de otra manera. Invitando desde su crítica, a un mismo tiempo, a imaginar una autoridad por venir. Una autoridad pedagógica que se haga cargo de la recepción de las nuevas generaciones, del trabajo de inscribir, nombrar y reconocer, proteger la vida y autorizar lo nuevo. Extraño trabajo a través del cual se sostiene la posibilidad de emancipación de quien depende, a su vez, de otro para ello.

Una autoridad que sostenga y delimite lugares, trace líneas de continuidad entre generaciones y produzca las interrupciones necesarias de órdenes injustos, en el terreno de lo singular y de lo político. Paradoja del devenir de un sujeto: anudar un lazo que pueda, a la vez y en cada momento, desanudarse. ¿Es posible llamar a ese alguien maestro/a, profesor/a, educador/a?

Este libro recorre pensamientos propios y ajenos, figuras reales y ficticias, palabras de maestros/as, palabras literarias, fragmentos de experiencias que hablan de posibles ejercicios de autoridad en condiciones de igualdad, reciprocidad y asimetría, a la vez. Es así como la autoridad en cuestión, la autoridad pedagógica en particular, pensada de otra manera, nos lleva más allá de ella misma, nos conduce a otros pensamientos como el de la transmisión, la igualdad, el reconocimiento, la confianza y la emancipación.

Unas reflexiones iniciales abren el debate acerca de la crítica actual de la autoridad, reconociendo las condiciones de nuestra época: tiempos de insignificancia, de desamparo por ausencia de significaciones que otorguen un mejor "vivir con otros" a cada sujeto en su particularidad, una protección de la vida humana, a la vez colectiva y singular, una cierta posibilidad de la experiencia. Es que "vivir con otros" no puede sino hacerse desde uno y en conjunto, en la intimidad y en espacios comunes de reconocimiento mutuo, aceptando la enorme dificultad que esto supone. Pensaremos a lo largo del libro entonces, que compartir tiempos y espacios con otros es ese continuo trabajo de decir "yo" y "nosotros" a la vez, de abrirse intersubjetivamente para transformarse junto a otros, sin perder de vista una subjetividad singular que nos hace reconocibles. Un cierto ejercicio de la autoridad se sitúa albergando esta posibilidad paradojal de proteger lo común que nos reúne en tanto se hace lugar a lo nuevo que cada uno trae.

Es a partir de allí que nos interrogaremos acerca de las posibilidades del ejercicio de una autoridad pedagógica emancipatoria –en nuestro tiempo y en los espacios escolares/educativos–, es decir, por las condiciones que una autoridad demanda para promover el despliegue de las posibilidades de todos y de cada uno, la actualización de la igualdad en espacios-tiempos colectivos e institucionales, por el lugar de una confianza instituyente, y su palabra, en las relaciones del enseñar y aprender. Pensaremos, a su vez, si es posible hablar de igualdad y emancipación sin intentar retomar intacta o reproducir idéntica la concepción moderna de estas ideas, situándonos en nuestra época y en nuestros contextos.

Nos acompañarán figuras y formas extrañas, aparentemente ajenas a las lógicas escolares habituales: la ignorancia de un maestro que habilita una experiencia –de la mano de la filosofía contemporánea y la historia de un pedagogo extravagante del siglo XIX–, "lugares de habla" donde la palabra circula como aire y ocurren experiencias, modalidades de autorizaciones diversas que hacen que cada sujeto haga oír su voz, encuentre su propia escritura, recorra mundos lejanos o cercanos a través del acto de conocer, hable las diferentes lenguas del conocimiento, se arriesgue por sus propios medios a la incertidumbre y a lo novedoso que el aprender con otros trae.

Hacia el final del libro, autoridad se liga a la autoridad de la palabra y a la autorización. Son las distintas formas de hacer circular la palabra –escuchar y hablar, escribir y leer– y la posibilidad de que éstas hagan efectiva otra experiencia escolar/educativa. Seguiremos el rastro de cuatro figuras: "palabras que autorizan", "palabras que transportan", "palabras que traducen" y "palabras que se superponen". Sostendremos que son sus modos de construcción y de circulación en los espacios educativos los que autorizan la apropiación de la palabra de los más jóvenes: es allí donde hablaremos de autorizaciones posibles, las que ligan el aprender a un modo de relación con los otros y con uno mismo, habilitando subjetivaciones diversas.

Finalmente, el debate vuelve a abrirse: ¿hay algo nuevo que podamos hacer con nuestras imaginaciones?, ¿qué puede una autoridad en el territorio de la educación?, en tiempos de incertidumbre y transformación...

Reflexiones iniciales para abrir el debate, las condiciones de nuestro tiempo

¿Por qué criticar hoy el concepto de autoridad?

> *(La crítica) No procura hacer posible la metafísica finalmente convertida en ciencia; procura volver a lanzar tan lejos y tan ampliamente como sea posible el trabajo indefinido de la libertad.*
>
> *(...) una labor paciente que le dé forma a la impaciencia de la libertad.*
>
> **Foucault** (1996: 105 y 111)

Una autoridad que ya no es pero que insiste en sostenerse se convierte en un conjunto de gestos vacíos sin respuesta. El malestar se instala y entonces su crítica se nos impone. Las nuevas generaciones anticipan la crítica, a veces, en el límite de lo tolerable para los adultos. En el territorio de la educación, las formas escolares habituales y las autoridades que les daban sentido ya no producen los efectos esperados. Los sujetos, habitantes usuales de esas formas escolares, ya no son los mismos. Las instituciones se vuelven espacios ajenos, aunque concurridos. ¿Qué implica hacer la crítica de la autoridad en estos tiempos?, ¿declararla terminada?, ¿proponer otra?, ¿o bien aceptar que la autoridad, como lazo que hace posible algo en común, puede ser un movimiento que busca todo el tiempo hacer lugar a unos y a otros?

Veamos de qué manera la actualidad nos lleva a hacer la crítica de la autoridad.

La autoridad cuestionada no es una novedad sólo de estos tiempos. Lo constataremos a partir del texto de Kant (1784) que Foucault (1996) retoma para postular la idea de la modernidad como actitud, esa "salida de la minoría" que ubica a la humanidad en una relación de quiebre con respecto a toda autoridad externa a la humanidad misma. No obedecerse más que a sí mismo será la consigna del sujeto moderno. Mirarse, pensarse, inventarse y nombrarse a sí mismo, a partir de una disposición fundamental: "ten el coraje, la audacia de saber" [1].

Sin embargo, la autoridad, en tiempos de la modernidad –y del orden por ella instituido– no desaparece sino que se desplaza, se reubica transformándose. La autoridad se vuelve hacia la razón misma y su afán de autonomía y dominio. Se afirma en el sujeto mismo. Es una nueva relación entre autoridad y razón la que modifica el lugar del sujeto, en un proceso individual y colectivo que lo coloca en el camino del progreso ilimitado.

Como nos lo hace pensar Douailler (2002), la autoridad forma parte de un tiempo lógico –no cronológico– en que una potencia de origen instituye, hace nacer, hace crecer, "hace humanidad", despliega procesos a partir de gestos y palabras de autoridad. Es el maestro que habla o actúa con autoridad y lo hace a partir de una causa que forma parte de un origen y que comenzó antes que él. Hay allí una instancia exterior que sostiene y fundamenta su lugar, un Estado, una institución, una familia, una sociedad, un saber, una tradición, una cultura, que preceden a todo cuanto pueda decir o hacer. Es un régimen de palabras y acciones.

El maestro con autoridad pone en marcha una palabra que lo precede, lo anticipa y lo sustenta, pero son sus propios gestos y palabras los que ofrecen un nuevo comienzo, interrumpen el tiempo, inauguran el tiempo de la escuela. *Hacen nacer al alumno en el niño*, dice el filósofo, expresando así que niño y alumno no son lo mismo, son posiciones diferenciadas que un mismo sujeto puede habitar de acuerdo al contexto y situación que albergan el encuentro entre generaciones. Un maestro –por haber recorrido un cierto camino en su relación con el conocimiento– habilita al niño a hacer lo propio, lo "transforma" en alumno, o mejor dicho, lo acompaña temporariamente en un trayecto de su relación con el conocimiento, consigo mismo y con los otros, en el marco de una institución destinada a ello. Se sustenta para lograrlo, no en imposiciones arbitrarias o en el mandato de obediencia que emana de sí mismo, sino retomando gestos y palabras anteriores, que traducen rasgos de una historia en común, de una cultura compartida. Así, nace un alumno en un niño, o nace alguien que aprende y que desea aprender, o mejor aún, que demanda ser reconocido en la comunidad donde ha nacido y, entonces, se dispone a conocer lo que esos otros que lo reciben tienen para enseñarle.

Sin embargo, esa autoridad del gesto y la palabra que instituyen, hoy, parece estar amenazada, no ser reconocida, no apelar a un origen ni portar un saber trascendente. La autoridad no se desplaza hacia otro lugar, tiene dificultades para ser encarnada y reconocida. En todo caso, en estos tiempos, el lugar de autoridad parece requerir de otras operaciones y movimientos para erigirse en tal. Las relaciones mismas entre los sujetos y de cada sujeto consigo mismo, un cierto vínculo con el conocimiento valorizado y requerido, en el terreno de lo educativo, se ven conmovidos por una autoridad que no viene dada, sino que exige un trabajo de producción, pero ¿en nombre de qué?

La modernidad cuestionó a la autoridad y colocó a la razón en su lugar, inaugurando otro tiempo lógico, pero la razón también se halla, en tiempos contemporáneos, fuertemente interrogada. El precepto kantiano según el cual la Ilustración incitaría a razonar por uno mismo, no en función de un presente previsible sino de un futuro posible y mejor **2** , se halla a su vez conmovido o desplazado. El sujeto racional y el progreso social no son protagonistas de la historia actual, a cada paso muestran la fragilidad que probablemente los constituyen, la ilusión de la que estaban hechos.

Los tiempos de hoy, con lugares de autoridad no reconocidos, ineficaces para promover la razón y descreídos del progreso, desconciertan y desalientan, siembran perplejidad y desasosiego. Así, escuchamos: "Yo no fui preparado como docente para este trabajo", "no es mi función, yo sólo sé enseñar", "los docentes no somos ya respetados, nuestro lugar se ha perdido", "si los padres no enseñan respeto, nosotros no podemos hacerlo", "así, nada es posible, no se puede enseñar sin autoridad". Estas voces escuchadas podrían asociarse, tal vez, a otras voces, que no escuchamos directamente pero podemos imaginar: "¿quién me habla desde ese lugar de saber?", "¿quién es esa persona adulta que no cesa de querer explicarme los conocimientos?", "¿por qué no puedo hablar y comportarme en la escuela como lo hago en otros lugares, con otros adultos, con mis pares?", "¿qué hago aquí?", "¿qué esperan de mí?", "¿puedo o quiero conocer y aprender de este modo, el modo escolar?", "¿para qué saber de 'otros mundos' si estoy en éste?", "¿para qué educarme?

Las preguntas reales e imaginadas parecen hablarnos de un desencuentro en el acto mismo de educar, sin embargo, numerosas experiencias que sí hacen posible –refundándolo– el acto de educar muestran que existe una demanda de otras relaciones, otros modos de instituir, de pensar, de "hacer nacer y crecer", de filiar e inscribir en una historia común. Experiencias que abren otros interrogantes: ¿cuál es el sentido de educar hoy?, ¿qué lógicas es necesario inaugurar?, ¿desde qué sujetos vinculados entre sí y en el marco de cuáles colectivos de sujetos, grupos e instituciones?, ¿bajo qué formas y encarnaduras? Responderse estos interrogantes es tal vez el desafío fundamental de la educación en estos tiempos.

Pero no apresuremos un nuevo ofrecimiento de sentidos. Sigamos pensando y reconociendo, antes de intentar aproximar respuestas, los rasgos de un tiempo contemporáneo que se halla en crisis a partir de una modernidad que ha dejado su marca y producido sus desilusiones.

Si la crisis es un cambio que conlleva pérdidas y que produce sufrimiento también es oportunidad, ocasión para volver a pensar "las cosas mismas" **3** , otras formas de mirar, renovadas, no teñidas de melancolía por lo que fue y ya no es, ni ciegas renegando de un pasado y un presente diferente. Sin embargo, el sufrimiento insiste muchas veces sin elaboración, sin interpretación ni producción de nuevos andamiajes. Insiste el malestar en los actos cotidianos de la trama institucional educativa que se intenta reparar para volver al modo habitual, insiste en la dificultad para enseñar a alumnos que rechazan ocupar el lugar de alumnos, en la apatía o el desinterés, en la violencia o el desconocimiento, en los síntomas, en la ajenidad, en la pérdida de sentido –y no sólo para los alumnos–, en la pregunta: "¿para qué estamos aquí?".

Sin embargo, sufrimiento y oportunidad de algo inédito pueden articularse, pueden dar lugar a un acontecimiento que otorgue otros lugares a los sujetos; sólo el análisis del primero conduce a hacer de la oportunidad una salida creadora de "algo nuevo", la constitución de un sentido habitable, la elaboración de nuevas significaciones –o no tan nuevas aunque sí nuevamente recuperables–, de formas vivificantes de enseñar y aprender, entre generaciones.

Lo que se anticipa en el sufrimiento es un sentido aún no formulado que puede ser leído, reconocido, simbolizado, interpretado y su lectura puede convertirse en la producción de una situación donde hallar otras posiciones y tomar otras decisiones. Necesitamos, entonces, lecturas que nos permitan comprender el sufrimiento singular y colectivo, institucional de hoy, aún cuando sea difícil –como dicen algunos historiadores– comprender e historiar la propia época. ¿Cuál es el sufrimiento de la actualidad? ¿De qué sufrimos hoy, en un sentido amplio, como sociedad, dentro y fuera de las instituciones? ¿Cuál es su relación con la crisis de autoridad?

Si de algo sufrimos hoy, coinciden muchos, es de no poder significar. Asistimos al "avance de la insignificancia" dice Castoriadis [4] y la "insignificancia" que avanza no es lo pequeño de lo cotidiano, lo no relevante o poco importante ni lo que queda como resto, sino la dificultad misma para producir significación, la posibilidad de una sociedad de autorrepresentarse, de un sujeto para identificarse, de una cultura para crear, de un conjunto de sujetos para nombrar lo común que los reúne y sus diferencias.

Para Castoriadis, una sociedad tiene que poder representarse el mundo y a sí misma para perdurar y seguir creándose, en definitiva, para vivir humanamente. Imaginarse a sí misma en un mundo creado, por ejemplo, por el Dios del Antiguo Testamento para los hebreos, o en el marco de otras representaciones más globales para los griegos y los romanos, o en el progreso humano bajo los ideales de la libertad, la igualdad y la justicia para los occidentales modernos. Sin embargo, dice Castoriadis: *Nada de esto vale para el hombre contemporáneo. Éste no cree más en el progreso, excepto en el progreso estrechamente técnico, y no posee ningún proyecto político. Si se piensa a sí mismo, se ve como una brizna de paja sobre la ola de la Historia, y a su sociedad como una nave a la deriva* (1997).

Hay un sentido perdido para el hombre y la mujer contemporáneos o, al menos, no hay ya un sentido que se viva como permanente y asegure un imaginario social que reúna y cohesione en un proyecto común. Nuestras sociedades fueron fundadas en un proyecto moderno de grandes ideales hoy en crisis, fuertemente interrogado y descreído, lo que deja vacante una cierta posibilidad de imaginarse la sociedad a sí misma y a cada sujeto dentro de ella. La modernidad supuso una confianza doble y contradictoria, entre el dominio racional de la naturaleza y los seres humanos y el logro de una autonomía individual y social. Por un lado, un proyecto capitalista sustentado en el crecimiento ilimitado, y por otro, un proyecto democrático que funda la búsqueda de formas de libertad colectiva y emancipación.

El conflicto entre estas dos significaciones opuestas, antinómicas, se tradujeron en un predominio de la representación capitalista, creando sujetos que crecen como consumidores "disciplinados" más que como seres autónomos y democráticos. A partir de allí, el avance de la insignificancia, la crisis del proceso identificatorio que otorgue a una sociedad un sentido y un valor, una historia pasada y una recreación futura de sí misma. Más que un "nosotros" fuertemente investido, dice Castoriadis (1997), contamos con la imposición social de un simple apremio individual por consumir.

Esta dificultad colectiva para el trabajo de la significación no es menor por ser colectiva ni supone que en el orden de lo singular la situación sea mejor o pueda salvarse fácilmente, según los casos. No se trata de que el sufrimiento social se halle disociado del subjetivo o individual. El "sálvese quien pueda" no garantiza que alguien se salve. Los sujetos inscriben sus procesos individuales: su vida, sus afectos, sus lazos con otros, su deseo de trabajar, amar, tener amigos, crear, disfrutar del arte, del conocimiento, etc. en tramas sociales e institucionales, allí donde algo: nombres, tiempos, espacios, reglas, actividades, formas de expresión, de estar con otros, etc., que tiene una forma determinada a lo largo de un tiempo, se ofrece para ser habitado por seres de carne y hueso. No hay sujetos sin instituciones ni instituciones sin sujetos; por tanto, el padecimiento de unos y otras se entrelaza y desanuda sentidos que —en otro tiempo— oficiaban de sostén, abrigo, protección o plataforma de partida hacia otros destinos.

Pensemos en la dificultad de muchos adultos —padres, madres, maestros, maestras— para encontrarse con otros de su misma generación o con las nuevas generaciones en instituciones —familias y escuelas— que ya no son las mismas porque no significan lo mismo en el mundo actual [5] . Su lugar simbólico en tanto instituciones destinadas a la crianza y educación de los nuevos no tiene la misma fuerza y capacidad de instituir subjetividad como en otro tiempo, comparte su llegada a niños y jóvenes con los medios de comunicación y otras formas de transmisión culturales masivas y poderosas. Las instituciones sufren y los sujetos sufren en ellas. Los adultos padecen porque sus lugares habituales y aprendidos como hijos e hijas, alumnos o alumnas se presentan ahora inciertos e incluso devaluados. Los niños, niñas y jóvenes padecen porque los adultos no encuentran cómo posicionarse en estos nuevos tiempos, a quienes no les basta con mirar atrás y buscar identificarse con el modelo de los propios padres y maestros. Sin embargo, no se trataría de decretar el fin de la escuela y la familia en tanto instituciones, sino de reencontrar su significación para, desde allí, recrear sus formas. Asumiendo que necesitamos instituciones que nos permitan recibir a los niños, niñas y jóvenes, porque allí se juega a su vez nuestra continuidad como generación adulta y sociedad, se impone reinventarlas.

La insignificancia, en el sentido que le da Castoriadis, tiene que ver también con una temporalidad diferente que avasalla modos históricos y subjetivos de relación con uno y con los otros. Es, dice Stiegler, la imposibilidad actual de un tiempo que articule lo singular y lo colectivo y, en cambio, la instalación de un tiempo idéntico para todos fundamentalmente caracterizado por el consumo de masas. Este no supone que todos accedan a él, sino, por el contrario, deja en condiciones de completa exclusión a grandes sectores de la población que no pueden incluirse por sus propios medios a través de esta forma prioritaria de ser incluido. Es la hipersincronización, dice Stiegler (2003), de los tiempos de millones de personas en torno a los objetos a consumir, al mercado y sus imperativos. Todos a un mismo tiempo escasamente relacionados entre sí pero con los mismos objetos. Los sujetos se desdibujan en sus relaciones cuando éstas están exclusivamente establecidas por la capacidad de consumir objetos y no por la mediación de un orden simbólico que vincule subjetividades más allá de su identificación como consumidores. La misma idea de semejante pierde consistencia y tiene dificultad para ser concebida. La organización mercantilista desestima las singularidades, las aplasta y conforma en su lugar audiencias, grupos de consumidores, conjuntos impersonales de sujetos que realizan una misma actividad en relación, predominantemente, a objetos industrializados.

Es necesario consumir para que la máquina económica del nosotros globalizado funcione, afirma Stiegler (2003: 22). Es necesario influir fuertemente para que, aún contra los deseos espontáneos de los sujetos y las sociedades, se quieran consumir objetos nuevos. Las tecnologías para adoptar a cada momento nuevos modelos y marcas de celulares, de pastas dentífricas o del objeto que sea, se ponen en marcha generando una especie de furor por lo nuevo. Pero, advierte Stiegler, para reconocerse en un nosotros es necesario compartir un tiempo, una historia, proyectar una unidad que es siempre ficticia, una ficción narrada indispensable acerca del pasado y del futuro. Nos hacen falta símbolos y relaciones simbólicas.

Esta narración hace posible decir yo y nosotros, a la vez, para vivir humanamente. Nombrarnos como nosotros colectivo mientras nos identificamos como un yo singular. Creer que tenemos una historia en común de donde provenimos y proyectarnos en un futuro que tal vez no veremos o no tenga lugar tal como lo imaginamos. Un futuro que recoge el deseo individual indisociable de un deseo del nosotros y de nosotros. Es indispensable, en este sentido, la construcción de un narcisismo primordial **6** para sentirse vivo, sentir que existimos y que cada uno forma parte de ese conjunto en el que habita.

Para Stiegler, nuestra época estaría marcada por un gran sufrimiento narcisístico del nosotros, esto es, dolor por no poder hallar lo común que simboliza un nosotros, la narración que nos cuenta el pasado y nos proyecta hacia el futuro, aquello que nos hace parte de un mundo habitable por todos. Padecemos de *una suerte de enfermedad del nosotros. Yo no soy yo más que en la medida en que pertenezco a un nosotros. Un yo y un nosotros son procesos de individuación. (...) un consumidor no tiene derecho a decir yo: un consumidor ya no es ni un yo ni un nosotros, ya que está reducido al "se"* **7** *: está despersonalizado, desencarnado (...) la organización ilimitada del consumo es la organización de la liquidación del narcisismo"* (2003: 15-18). Es así como la hipersincronización provoca la pérdida del deseo singular y un estar allí porque la corriente del consumo lleva a cada uno a ver, por ejemplo, el mismo programa televisivo, aún detestándolo. Este nosotros, si existe, produce malestar, disgusto con uno mismo a menudo, destrucción del tiempo.

El tiempo humano es, en cambio, un tiempo particular: tiempo no sólo cronológico sino de significación y subjetivación, en el que se articulan a la vez dos instancias, la de la singularidad y la de la comunidad. Una sin la otra degradan la posibilidad de libertad. La ausencia de un nosotros conformado de diversidades habilita todas las transgresiones (es posible, entonces, hacer "desaparecer" a los otros), la imposibilidad del yo diverso incluido en un "común", anula la dimensión subjetiva significante (con la pérdida de amor y de registro de uno mismo). La miseria simbólica es el producto del aniquilamiento de este tiempo humano y es lo que produce, a su vez, sufrimiento y sometimiento a los mandatos mercantilistas.

Significar sería entonces un movimiento singular y colectivo, propio y compartido, de a uno y de a muchos, a partir del cual habitar una casa común con espacios para la intimidad. El significar es una creación subjetiva, habilitada por una cierta configuración "externa", política y social, que le hace lugar. No es pura individualidad en la que los significados tienen valor sólo para el yo, ni mimetización en un conjunto indiscriminado en el que las diferencias desaparecen.

El sentimiento de existir se despliega en esa posibilidad de decir nosotros que preserva al yo a la vez que lo reúne con otros en un conjunto. Sin embargo, sabemos de la paradójica tensión que recorre estos procesos, el nosotros no se dice ni reconoce fácilmente, los puntos en común no se encuentran sin esfuerzo y trabajo, sin renuncia, sin dejar de lado una ilusión de totalidad y de confirmación de uno mismo en los otros. El nosotros no es ajeno al conflicto inherente a toda realidad humana donde puede haber encuentros y desencuentros, comprensiones parciales de lo que los otros piensan, momentos de reunión en torno a algo en común y otros de soledad o incomprensión. Por otro lado, cuando el nosotros se dice sin quiebre, desde actitudes fundamentalistas y totalitarias, no hay allí lugar para diferencia alguna dentro de él y su cohesión total está garantizada por ubicarse en contra de "los otros". Ese nosotros totalitario está cargado de significaciones que no dejan lugar a ninguna reformulación, pregunta, duda, recreación o invención. Sus efectos más extremos son la crueldad hacia el otro (todo otro que se diferencie), la violencia, la discriminación, el desconocimiento de las diferencias, la domesticación que "protege", el autoritarismo inhabilitante de subjetividad.

Podemos preguntarnos cómo se desplegó en otras épocas esa posibilidad del yo y del nosotros, en su dimensión subjetivante. Desde una mirada histórica, no siempre significar colectiva e individualmente dio lugar a los sujetos o las singularidades, tal como las pensamos en la actualidad. En otras épocas, en un "mundo premoderno", como dice Castel, las significaciones estaban aseguradas fuertemente por "autoridades" establecidas y no cuestionadas: sistemas de protección y seguridad garantizados por los lazos entretejidos alrededor de la familia, el linaje, los grupos sociales próximos (Castel: 2004). Se otorgaban así, lugares jerárquicamente establecidos y fijos para sujetos que tenían asegurada su protección en un orden, a la vez demandante de obediencia. Ser protegido y ser obediente-dependiente iban de la mano. La seguridad individual y colectiva tenía un costo, pedía a cambio el sometimiento a la autoridad.

La modernidad introduce un cambio radical en la historia de las formas de protección de la vida humana: los sujetos son reconocidos por sí mismos, más allá de su lugar en los colectivos sociales, pero ello implica una vulnerabilidad inédita porque el poder de proteger y protegerse queda librado a ellos mismos, individualmente. Es ésta la pesadilla de Hobbes (1651), "la guerra de todos contra todos", los individuos librados a sus propios poderes y deseos, sin regulación ni control. Por ello, estar protegido no es un estado natural, que se da por sí mismo, es necesario construir formas políticas y éticas que lo garanticen.

Pero, ¿qué significa estar protegido, ¿la protección se recibe, se demanda a alguien o algo, se espera o se reclama? ¿Es una autoridad la que protege, o puede ser un colectivo, un conjunto, una "multitud" **8** ?, ¿quién es capaz de proteger eficazmente para que la vida individual y colectiva sea preservada de los diversos peligros que la acechan y del miedo de alguien librado a sí mismo, para él y para los otros? ¿Y de qué tipo de protección se trata?

La pregunta y la crítica a la autoridad hoy no es más que una de las tantas formas de preguntarse por cuáles son las protecciones necesarias para vivir una vida "en común". Esta no deja de ser una pregunta por el cuidado necesario e indispensable que garantice la vida humana. La de todos y la de las nuevas generaciones en particular.

Es posible que las formas de protección contemporáneas pasen, en primer lugar, por reconocer y desentrañar el mundo en que vivimos –tal como lo propusimos al comienzo– para pensar, a un mismo tiempo, las operaciones necesarias (nuevas o viejas y renovadas) que hagan que la protección tenga lugar. ¿Protección de qué? De una vida juntos y separados, del despliegue singular de las subjetividades y de una vida más justa en un conjunto menos desigual, donde la igualdad no suponga homogeneidad o indiferenciación y la desigualdad no quede naturalizada por un destino inexorable.

Retornamos, entonces, a la posibilidad de significar de la que hablaba Castoriadis y, a su vez –si fuera posible– de detener la insignificancia, de interrumpirla: un trabajo político, ético, para uno y en lazo con otros. Ese "trabajo" propiamente humano que nos ubica en relación a otros y a nosotros mismos; entre lo colectivo y lo singular; entre sujetos diversos, diferentes pero iguales; entre generaciones: allí donde los "viejos" recibimos a los "nuevos" y habilitamos su llegada. Ese que da lugar a "lo que viene" **9** y que abre el territorio simbólico de la experiencia. Este no es un territorio conocido, se va configurando a medida que miramos, escuchamos, damos y aceptamos sentidos dados por otros. Es un territorio que no podemos calcular porque depende de uno y el otro en relación, de su llegada, de lo que propone y no deja de sorprendernos, de lo que inventamos allí de a dos. La experiencia supone entonces, necesariamente, apertura al otro, significación compartida, el acontecimiento que llega sin previo aviso, un incalculable que no sabemos adónde nos lleva.

Agamben nombra la dificultad para significar, para otorgar sentido a lo que vivimos, como destrucción de la experiencia, una "opresión de lo cotidiano", lo sedimentado en una "pobreza de experiencia" **10** del hombre moderno que lo deja mudo y ajeno ante lo que pasa en su entorno, que multiplica acontecimientos variados y sucesivos, experimentos múltiples y repetidos, sin que ninguno de ellos pueda traducirse en experiencia. En nuestra cotidianeidad "pasa" de todo pero nada nos atraviesa realmente, nos conmueve y transforma o, simplemente, nos hace partícipes directos de lo mucho que vivimos. La apertura subjetiva no tiene lugar cuando sólo podemos ubicarnos en dispositivos fijos y prediseñados que nos hacen actuar en forma idéntica y repetitiva. El otro no llega en su extrañeza –también se convierte en alguien idéntico y repetido a sí mismo y a uno– ni demanda nuestra hospitalidad, esa apertura arriesgada a "lo que viene".

> *(...) ni la lectura de un diario, tan rica en noticias que lo contemplan desde una insalvable lejanía, ni los minutos pasados al volante de un auto en un embotellamiento; tampoco el viaje a los infiernos en los trenes del subterráneo, ni la manifestación que de improviso bloquea la calle, ni la niebla de los gases lacrimógenos que se disipa lentamente entre los edificios del centro, ni siquiera los breves disparos de un revólver retumbando en alguna parte; tampoco la cola frente a las ventanillas de una oficina o la visita al país de Jauja del supermercado, ni los momentos eternos de muda promiscuidad con desconocidos en el ascensor o en el ómnibus. El hombre moderno vuelve a la noche a su casa extenuado por un fárrago de acontecimientos –divertidos o tediosos, insólitos o comunes, atroces o placenteros– sin que ninguno de ellos se haya convertido en experiencia* (AGAMBEN, 2003: 8).

En tiempos de experimento y no de experiencia **11** , la información y la opinión han sustituido a la voz que relata y la historia narrada, las razones instrumentales se privilegian ante el sentido de un encuentro con otros, las noticias verídicas corren con rapidez y cumplen su objetivo de informar, mientras los relatos se desestiman por lentos e imprecisos aun cuando sólo ellos pueden contar la vida, narrativizarla, decirla desde un sujeto plural o desde un nosotros ("esto que me pasa nos pasa a todos nosotros, de diversas maneras, según resonancias distintas").

En otros tiempos, era lo cotidiano y no lo extraordinario lo que constituía la materia prima de la experiencia, dice Agamben, los acontecimientos comunes y simples eran motivo de una transmisión de experiencias entre generaciones, de un intercambio acerca de lo vivido comunicado desde la propia autoridad, porque ésta reside en la palabra y el relato y no en otro lugar.

La crítica a la autoridad que proponemos tiene que ver con reencontrar este "trabajo" de significación en la cotidianeidad ligado a la palabra y al relato. Una autoridad de la experiencia. Una transmisión de "lo común e insignificante" **12** que no pretende más que ser compartido entre generaciones porque es allí donde se funda la autoridad. Agamben dirá que hoy no podemos pensar la experiencia más que manipulada, como experimento, asimilada al conocimiento científico y técnico, destinada a capturar lo que se vive mediante dispositivos y tecnologías prediseñadas, que dejan al sujeto fuera de la experiencia, espectador sin parte. Afirma que conocer no es vivir una experiencia pero que los tiempos modernos nos han conducido a esta equivalencia. Da en su texto el ejemplo de los turistas en el Patio de los Leones, en La Alhambra, quienes, ante una de las mayores maravillas de la tierra optan por negarse a adquirir una experiencia, prefiriendo capturarla por la máquina de fotos. Sin embargo, también afirma, tal vez ese rechazo de la experiencia esconda un germen de sabiduría que anuncia otras posibilidades, algo que aún no ha comenzado a darse.

Es así que proponemos pensar que la autoridad pedagógica, en particular, puede insistir en convalidar un experimento donde se enseñe y se aprenda o abrirse a vivir una experiencia diferente de enseñar y aprender proponiendo a otros esa posibilidad.

Tal vez, hacer hoy la crítica de la autoridad –al lugar que estos tiempos otorgaron a la autoridad debilitándola a la vez– asuma el carácter simbólico de conducirnos hacia nuevos modos de experiencia conjunta donde el mundo pueda ser compartido y reconocido en los mundos infinitos que a su vez lo componen, mediante otro tipo de experiencias intergeneracionales en torno a la transmisión y al relato. Retomando a Agamben: allí donde *podamos adivinar la semilla de hibernación de una experiencia futura* (2003: 18) **13** .

Es posible que nuestra crítica alcance, así, a abrir nuevos sentidos, a remover capas de sentidos aletargados por la costumbre, el hábito, los ojos que no miran de tanto ver siempre lo mismo, a conmover los sedimentos que no sabemos que pisamos y a hacernos "perder pie" sin temor a implicarnos: ¿puede una autoridad en el territorio de la educación detener la in-significancia – la ausencia de sentido– diseminada en millones de gestos y palabras automáticas (en jóvenes y adultos), habilitar una nueva experiencia, hacer lugar a una experiencia por venir en el territorio de la transmisión?

Las palabras que vienen a continuación acercarán pensamientos que van en esa dirección, invitando al relato, a ir de un texto a otro, como lectores y autores, a un trabajo que aún no sabemos del todo cómo sigue, en tiempos de necesaria transformación.

Notas

[1]. La divisa de la Ilustración mencionada por Kant y citada en Foucault (1996: 88).

[2]. "(...) de acuerdo con Kant, la educación orientada hacia la razón que llevan a cabo los maestros sólo tiene verdaderamente lugar siempre y cuando aquellos, por una parte, inciten a cada uno a hacer uso de su propia razón y, por otra, cuando la acción educativa sea encarada no en función de algún estado presente o previsible de las cosas, sino con referencia a un futuro posible y mejor del género humano, es decir, según las propias palabras de Kant, "en conformidad de la idea de humanidad y del conjunto de su destino" (Padagogik, Introducción, citado en Douailler (2002: 111).

[3]. Dice Hanna Arendt que "Una crisis nos fuerza a volver a las cuestiones mismas y requiere de nosotros respuestas, nuevas o viejas, pero en todo caso que sean juicios directos. Una crisis sólo se vuelve catastrófica si respondemos por medio de ideas ya hechas, es decir por medio de prejuicios. No sólo tal actitud vuelve la crisis más aguda sino que incluso nos hace pasar

de largo de esta experiencia de la realidad y de la ocasión de reflexionar que ella ofrece" (Arendt, 1972: 225).

[4]. Los nombres de la crisis pueden ser diversos: crisis del proceso identificatorio (Castoriadis, 1997), destrucción de la experiencia (Agamben, 2003), crisis de la articulación de un "yo" y un "nosotros" en un narcisismo primordial (Stiegler, 2003), crisis de la protección y la seguridad social en el marco de colectivos sociales (Castel, 2004), crisis de la "solidez" de un orden social, que nos hace habitar tiempos de "fluidez" (Bauman, 2003).

[5]. Este planteo es desplegado por Ignacio Lewcowickz y el Grupo Doce en diversos trabajos desde una perspectiva histórica en diálogo con la filosofía, el psicoanálisis, la ética. Ver particularmente Del fragmento a la situación (2004) y "Escuela y ciudadanía" (2005) en Pedagogía del aburrido. Escuelas destituidas, familias perplejas. Allí se propone la necesidad de reconocer nuevas condiciones históricas, ante lo que llama el "desfondamiento de las instituciones", y la posibilidad de relanzar el pensamiento para habitar las condiciones contemporáneas.

[6]. Este narcisismo primordial no supone un amor a sí mismo que permanece allí, cerrado sobre sí, como el de Narciso mirándose al espejo, sin apertura, total y totalitario, sino más bien con un amor a sí mismo que se proyecta, a su vez, sobre los otros y un amor a los otros que revierte sobre el yo, haciéndolo reconocible y amable. Uno sin el otro no son habilitantes de subjetividad y constituyen ese "sentimiento de existir" indispensable que Stiegler vincula con el tiempo humano.

[7]. En francés "on": impersonal.

[8]. Para profundizar este concepto véase Paolo Virno (2003).

[9]. Idea desplegada por Derrida en su conversación con Roudinesco, en "Imprevisible libertad" (2003), vinculada con lo que en otro texto llama hospitalidad (2000). (...) acaso sea uno de los nombres de la cosa: acoger, de manera inventiva, poniendo algo suyo, (lo) que viene a su hogar, lo que viene a uno, inevitablemente, sin invitación" (2003: 69).

[10]. Expresión de Benjamin.

[11]. En relación a un planteo semejante en torno a la experiencia y al experimento escolar véase Larrosa (2002, 2003) y Baquero, desde el punto de vista de la transmisión en una perspectiva psicológica situacional (2002).

[12]. "Común e insignificante" dicho aquí en el sentido de lo simple, del pequeño gesto, del detalle de lo cotidiano, lo que puede pasar inadvertido pero que da sentido a lo que se vive, ofrece símbolos.

[13]. La cuestión de la experiencia será retomada en el capítulo 4 a propósito de la infancia y sus otros lugares u otras formas de pensarla.

Capítulo 1
Acerca de la autoridad

1.1. Inspiraciones para pensar la autoridad

Ciertos textos despiertan, a la vez, emoción y pensamiento al leerlos, tienen la potencia de abrirnos a las preguntas por el lugar de cada uno en este tiempo y por el lugar de la autoridad en el devenir de un sujeto, en su historia... la que se recibe y la que se escribe, la que nos dan y la que nos damos, entre lo heredado y lo que estamos por inventar, el pasado y el futuro.

> *Cuando los que mandaban querían propagar el trabajo, mi maestro reivindicaba la pereza, y donde otros pretendían imponer a toda costa el contenido edificante, él explicaba el esquema ideal del universo, saludando la enseñanza inagotable de la forma y de su centelleo colorido. De su proximidad rigurosa y mágica me quedó el gusto exaltante de lo visible.* JUAN JOSÉ SAER, "Lo visible" (2000: 174).

Un maestro, una autoridad que enseña inagotablemente "la forma y su centelleo colorido", dice Saer, ¿cómo es enseñar "exaltando el gusto por lo visible"?

> *Puesto que ya has dejado de enseñarme, dime: ¿cómo podría mejorar?* EMILY DICKINSON, "Aprendizaje" (2004: 192).

> *No se sabe qué rumbo tomará el alumno. Pero se sabe de donde no saldrá, del ejercicio de su libertad. Se sabe también que el maestro no tendrá derecho a estar por todas partes,*

solamente en la puerta. JACQUES RANCIÈRE, *El maestro ignorante* (2003: 36).

¿De dónde procede la autoridad del maestro?, ¿de qué está hecha?, ¿es la autoridad un sujeto de carne y hueso, o simplemente habita en el suceder de la historia?, ¿pero de qué historia?, ¿la que relata y habilita qué cosa? ¿Una autoridad da continuidad o interrumpe, abre o corta el paso, sostiene o se abstiene?, y ¿a qué o a quién? ¿Es la autoridad una esencia a venerar, un dominio que se ejerce o un lugar vacío que demanda y nos obliga a reunir fragmentos en un trabajo de construcción?

Leí, días pasados, que el hombre que ordenó la edificación de la casi infinita muralla china fue aquel Primer Emperador, Shih Huang Ti, que asimismo dispuso que se quemaran todos los libros anteriores a él. Que las dos vastas operaciones –las quinientas a seiscientos leguas de piedra opuestas a los bárbaros, la rigurosa abolición de la historia, es decir del pasado– procedieran de una persona y fueran de algún modo sus atributos, inexplicablemente me satisfizo y, a la vez, me inquietó. Indagar las razones de esa emoción es el fin de esta nota. JORGE LUIS BORGES, "La muralla y los libros" (1960: 9).

...La historia, la tradición, el pasado, "la muralla y los libros"... ¿De dónde proceden, quién los preserva y para qué?, ¿quién puede destruir o proteger una historia y un porvenir y por qué?

—¿Qué más quieres saber todavía? –pregunta el guardián–. Eres insaciable.

—Todos tienden a la ley –dijo el hombre–. ¿Cómo es que durante tantos años nadie excepto yo ha pedido que se lo deje entrar?

El guardián se da cuenta de que el fin del hombre está cerca, y, para hacerse entender por esos oídos que ya casi no funcionan, se le acerca y le ruge:

—A nadie se le habría permitido el acceso por aquí, porque esta entrada estaba destinada exclusivamente para ti. Ahora voy y la cierro.

Franz Kafka, "Ante la ley" (2003: 179).

...La autoridad, la ley y su acceso a ella... ¿De dónde procede la habilitación para acceder a ella? ¿Quién autoriza, quién se autoriza?

Todo se nos escapa, y todos, y hasta nosotros mismos. La vida de mi padre me es tan desconocida como la de Adriano. Mi propia existencia, si tuviera que escribirla, tendría que ser reconstruida desde fuera, penosamente, como la de otra persona; debería remitirme a ciertas cartas, a los recuerdos de otro, para fijar esas imágenes flotantes. No son más que muros en ruinas, paredes de sombra. Ingeniármelas para que las lagunas de nuestros textos, en lo que concierne a la vida de Adriano, coincidan con lo que hubieran podido ser sus propios olvidos. MARGUERITE YOURCENAR, *Memorias de Adriano* (1995: 248).

...Reconstruir una historia para escribirla, la propia, la de nuestros progenitores, la del mítico origen, la de la herencia legada, la que nos hace autores y, a la vez, creadores de novedad... ¿Se tratará siempre de reunir fragmentos trabajosamente entre ruinas y sombras, recuerdos, olvidos y lagunas?

1.2. Definiciones y concepciones acerca de la autoridad

Recorrer definiciones y concepciones acerca de la autoridad es encontrarse con diversidad de perspectivas y posiciones en relación al mundo de lo humano y lo político, a ese complejo entramado que sostiene la posibilidad de lo específicamente humano constituido por relaciones entre sujetos, sujetos e instituciones, sujetos y sistemas de relaciones. Los modos de autoridad descriptos en las definiciones nos llevan a situarnos en diferentes paisajes, pensando en la vida de los grandes y pequeños humanos conviviendo entre ellos, viejas y nuevas generaciones, en las familias, en las instituciones donde se educa, se practica la religión, se administra justicia, se gobierna, se escribe, se reproduce y produce una cultura.

Ni bien iniciamos este viaje por diccionarios, enciclopedias y textos aparecen las preguntas: ¿Es posible pensar el concepto de autoridad por sí sólo o exclusivamente en relación a una figura – padre/madre, maestro/ maestra, jefe, líder, etc.– que la encarna? ¿Es el de autoridad un concepto posible de recortar en relación a otros, de autodefinirse, o requiere un permanente trabajo de entrelazamiento conceptual? ¿Dónde se encuentra la autoridad como tal: encarnada en un personaje, inserta en la interioridad del sujeto, tensando las relaciones entre sujetos o bien descendiendo desde algún espacio superior y exterior sobre el conjunto de los sujetos? ¿Se es o se ejerce la autoridad?

Los diccionarios y enciclopedias centran sus definiciones de autoridad en el:

Derecho de dirigir, poder (reconocido o no) de imponer la obediencia. Mandato, dominación, fuerza, poder, soberanía, superioridad. Autoridad de derecho, de hecho. 2- Conjunto de los órganos del poder. La autoridad pública. Los actos, las decisiones, los agentes, los representantes de la autoridad. Gobierno, administración. Intervención de la autoridad, de la fuerza armada. La autoridad legislativa. La autoridad administrativa. La autoridad judicial. La autoridad militar. 3- Fuerza obligatoria de un acto de la autoridad pública. La autoridad de la ley. Soberanía. Autoridad de la cosa juzgada. 4- De la autoridad de actuar según su autoridad privada, según su propia autoridad, con la autoridad que se atribuye, por su propio movimiento, sin derecho, sin autorización de nadie. 5- Capacidad de hacerse obedecer. 6- Superioridad de mérito o de seducción que impone obediencia sin oposición, respeto, confianza. Ascendente, consideración, crédito, imperio, influencia, magnetismo, peso, prestigio, reputación, seducción. 7- Estado de una persona, de una cosa que se hace creer. **Le Grand Robert** (2001).

Poder de dirigir, de obligar a algo. **Hachette** (1991).

Derecho y poder de mandar y de hacerse obedecer: imponer su autoridad. Poder político, administrativo o religioso: la autoridad gubernativa. Poder que tiene una persona sobre otra que le está subordinada. **Larousse** (1991).

Carácter o representación de una persona por su empleo, mérito o nacimiento. Potestad, facultad/ Potestad que en cada pueblo ha establecido su constitución para que le rija y gobierne/ Poder que tiene una persona sobre otra que le está subordinada; como el del padre sobre los hijos, etc./ Persona revestida de algún poder, mando o magistratura/ Crédito y fe que por su mérito y fama se da a una persona o cosa en determinada materia/ Ostentación, fausto, aparato/ Texto, expresión o conjunto de expresiones de un libro o escrito que se citan o alegan en apoyo de lo que se dice. **Real Academia Española** (1983).

En principio, parece poco probable definir a la autoridad por sí sola, como concepto aislado y recortado de otros o como una esencia dada de una vez por todas. En primer lugar, inmediatamente las definiciones aluden a otras nociones para explicarla, diferenciarla, reconocer sus diversos sentidos en relación, por ejemplo, al dominio, el poder, la fuerza, la influencia, la obediencia, la disciplina, la legitimidad, la libertad. En segundo lugar, definir la autoridad obliga a incluir lo que se juega entre dos o más de dos sujetos, la intersubjetividad donde se despliega, ese espacio de ejercicio que no podría pensarse si no estuvieran allí sujetos diferentes en relación asimétrica, aun cuando no se trate siempre de un espacio material o de un encuentro efectivo entre seres de carne y hueso.

Una primera lectura remite a la autoridad al poder de un sujeto o institución sobre otros, sea por derecho o de hecho, en forma legítima o ilegítima, demandando obligación y obediencia, por dominación, mediante la fuerza o la persuasión. Autoridad y poder parecen poder intercambiarse y no se distingue, en principio, en todas las definiciones, una especificidad de la autoridad con respecto al poder. Remite, asimismo, a figuras que ejercen la autoridad: padres, maestros, jefes, etc., y a instituciones: religiosas, científicas, educativas, gubernamentales, administrativas, legislativas, judiciales, etc. En algunos casos, se mencionan las figuras de aquellos sobre los que se ejerce la autoridad: hijos, empleados, súbditos, alumnos, ciudadanos, etc. nombrando el otro polo de la relación de autoridad. Uno sin el otro dejarían sin efecto a la autoridad, un ejercicio en el vacío, gestos o acciones que no se dirigen a nadie y, en consecuencia, le quitan su sentido. Pareciera que si algo hace a la autoridad es que se dirige a otros.

La autoridad no sólo estaría encarnada en personas identificables, sino que emanaría de instituciones desde donde ese poder se ejerce. Este ejercicio pareciera realizarse siempre a partir de un lugar de superioridad jerárquica sobre sujetos ubicados en un plano de inferioridad (súbditos, alumnos, hijos, empleados, etc.) produciendo efectos, conduciendo acciones, generando comportamientos, pensamientos, influyendo... La autoridad se presenta siempre como causa de una acción que se realiza y que se produce como respuesta. Una acción sobre la acción de otro con fines determinados. Así, imposición y obediencia se materializan generalmente en acciones que hacen visible la relación con la autoridad.

Algunas acepciones marcan una diferencia, aquellas que ligan el concepto con la legitimidad y el ejercicio de un poder de influencia sobre otros que diferencia autoridad, poder y fuerza. Asimismo, se señala brevemente, en una definición, la autorización de sí mismo a actuar sin necesidad de remitirse a una instancia externa, por el propio movimiento de autorización. Ello implica una reformulación en lo que denominamos la relación de autoridad hasta ahora, hay en la autorización un movimiento que se vuelve hacia la relación con uno mismo y que habilita. Las acciones dejan de estar producidas por otros y es uno mismo quien las genera a partir del reconocimiento de las propias posibilidades.

Otras búsquedas que permiten encontrar otros sentidos:

Se dice que alguien es una autoridad o tiene autoridad en materia del lenguaje cuando una comunidad sociocultural le reconoce el derecho de definir lo que se dice y lo que no se dice, es decir, la norma del "buen uso". Diccionario Larousse de Lingüística y Ciencias del Lenguaje (1991).

Autoridad y religión: Auctoritas. Proviene de auctor-augere, hacer crecer. El que hace crecer tiene el poder legítimo de mandar, ostenta la autoridad. En la esfera de la religión el primero que ostenta la autoridad es la causa primera de todas las cosas, aquel que es su autor, el creador. Su autoridad se ejerce a través de la revelación que hace de sí mismo, la Sagrada escritura, de las normas de conducta que da a conocer y de los representantes que acredita. **Diccionario de las religiones. Herder** (1987).

Los textos medievales, escritos en latín, dicen auctoritas. *La palabra viene de la lengua jurídica romana, donde tiene diferentes significados. La* auctoritas *aporta un "aumento" (augere) necesario para la validez de un acto que emana de una persona o de un grupo que no pueden, ellos solos, dar pleno efecto al acto que hacen. Es también el valor, "la autoridad" que se atiene a un acto jurídico, una ley, una decisión judicial. (...) En un sentido mucho más particular, los juristas medievales califican de* auctoritates *los textos de las Escrituras, de los Padres o de grandes juristas, que "establecen autoridad" y, en este sentido, son tenidos por obligatorios.* **Diccionario de la Edad Media. Dir. Claude Gauvard** (2002).

El concepto de autoridad (que debe diferenciarse del de autoritarismo) revela por el contrario un valor positivo. Designa el ascendiente ejercido por quien detenta un poder cualquiera que conduce a aquellos a los que se dirige a reconocer una superioridad que justifica su rol de dirección o de orientación (...) Es la autoridad de un líder, o de una institución que genera obediencia consentida a cambio del cumplimiento de fines colectivos de naturaleza política. **Diccionario de la Ciencia Política y de las instituciones políticas, Armand Colin** (1994).

Status de una persona entre dos o más individuos, que le permite influir u orientar las opiniones, los juicios, las valoraciones y las decisiones de otro u otros en relación con el grupo. Los individuos tienen autoridad, atribuida formal o informalmente, por razón de su papel en el grupo (por ejemplo, profesor en la clase, padre en la familia, oficial en el ejército) o por su experiencia en algún campo de importancia para el grupo (por ejemplo, conocimientos especiales, educación general superior, aptitud física particular). Tales personas tienen, o se les reconoce, tanto por autoridad, cuanto más pueden o manifiestan poder satisfacer las necesidades de los demás miembros del grupo. La autoridad va unida de ordinario al poder social del individuo. **Diccionario de Psicología. Rioduero** (1979).

Algunas de estas definiciones introducen otras diferencias, centradas en la autoría, el crecimiento, una potencia de origen –la que causa– que habilita a hablar y actuar y que "hace crecer" a otros, otorgan la validez de un acto que, por sí solo, no podría sostenerse ni "aumentar". Conducen a pensar así en la necesidad de reconocimiento de la autoridad como condición necesaria, por definición, para que sea tal. Reconocimiento que garantiza una obediencia consentida a cambio de la satisfacción de necesidades grupales o sociales o del cumplimiento de fines colectivos de naturaleza política. Se perfila de esta manera, un sentido positivo del concepto de autoridad que no queda ya exclusivamente centrado en la relación de dominación entre sujetos o sujetos e instituciones sino en el reconocimiento de una instancia a la que se obedece porque provee, a cambio, modos de satisfacción y sostén, un despliegue, un "crecimiento" individual y colectivo, un espacio político hecho de reconocimiento.

Es así como el "hacer crecer", el aumento al que alude la raíz latina *augere*, ubica a la autoridad ya no como quien ejerce poder sobre otros en razón de un lugar de superioridad, sino por pertenecer a un grupo y asumir una responsabilidad en él, por contar con una experiencia en algún campo de importancia para el grupo. Es una manera de plantear la autoridad incluida en un espacio de relaciones más amplio, en un contexto que le da su lugar y delimita el sentido de sus actos. En estos casos, se subraya el papel legítimo de una autoridad que se ejerce en beneficio de otros, lo que le otorga reconocimiento y, por tanto, una obediencia consentida por dar algo que otros necesitan. Una autoridad que siempre despliega sus acciones y se constituye entre dos o más de dos, donde algo más que ella misma y sus palabras o gestos está incluido. Es el espacio que habilita lo que importa y subraya estas definiciones, no tanto su lugar prevaleciendo sobre otros.

Retomaremos a continuación, algunos de estos sentidos que se abren en torno a la autoridad y que consideramos importante subrayar a la hora de intentar reformularla.

1.3. Reconocimiento, ejercicio, legitimidad

El reconocimiento de la autoridad es lo que hace que alguien sea autoridad. Nadie podría nombrarse a sí mismo autoridad si no es mirado como tal por otros. Es posible que actúe por la fuerza, ejerza un poder coercitivo, una manipulación del otro, pero no será autoridad estrictamente hablando, para ello necesita ser reconocido.

Kojève (2004) remarca este rasgo que subrayamos, en su libro *La noción de la autoridad*, establece una estrecha relación entre autoridad y reconocimiento, en tanto la autoridad sólo existe en la medida en que es reconocida por quien recibe su acción. Autoridad y reconocimiento de la autoridad son partes de un mismo movimiento y reconocer aquí significa otorgar legitimidad, aceptar aquello que la autoridad dispone o determina sin oponerse, teniendo la posibilidad de reaccionar en su contra. Por tanto, es necesario que quien reconoce a una autoridad renuncie, libre y concientemente, a la actualización de reacciones posibles. Ello implica que siempre es posible que la autoridad sea resistida, que se le opongan acciones haciendo visible un rechazo, una no aceptación, una desobediencia. Sin embargo, cuando la autoridad es reconocida, opera impidiendo la actualización del rechazo. ¿Pero por qué, a cambio de qué o con qué fin? ¿Se abandona la posibilidad de reaccionar contra la autoridad por el simple hecho de obedecer a alguien –suponiendo que exista una necesidad de obedecer– o bien existe una renuncia a cambio de otra cosa que la autoridad ofrece, otorga, dona?

Para Kojève la autoridad es movimiento, cambio, acción real o posible en el marco de una relación social e histórica, entre dos sujetos por lo menos: uno que provoca el cambio y otro que lo realiza. El fenómeno de autoridad es así fundamentalmente social y no individual ni natural y entraña la posibilidad de que alguien actúe sobre otro y éste lo acepte asumiendo una transformación de sí mismo. Es por esto que, por definición, como dijimos, una autoridad debe ser reconocida como tal para ejercerse y el hecho de hacer intervenir la fuerza o la violencia para influir sobre otros implica que allí no hay autoridad. De una manera general, parece decir Kojève, para ejercer la autoridad no es necesario hacer nada específicamente, más allá del acto de proponer el cambio, dado que la autoridad se ejerce "en acto", es decir, "de hecho", sin gestos grandilocuentes que la impongan o hagan sentir su dominio desde fuera de la relación, a fin de ahogar toda reacción contraria. Una autoridad pone en marcha un cambio en el otro cuando ella misma se implica en el movimiento, asume su parte en la relación que los reúne en torno a un mismo trabajo. La solicitud de renuncia no es sólo para quienes reciben la influencia de la autoridad sino también para la autoridad en su aceptación de los propios límites.

Un grupo de jóvenes de 15 años **14** afirmaba que un profesor con autoridad es aquel que "no se cansa de insistir en enseñar para que entendamos", "le busca la vuelta hasta que todos entendemos", y que por eso lo respetaban, no porque gritara ni amenazara con sancionarlos o aplazarlos. Otra profesora con autoridad era, para ellos, quien les había propuesto "hacer la clase juntos, no ella sola sino ella y nosotros trabajando para aprender una misma cosa, como si fuéramos lo mismo... eso te da ganas de hacerle caso y aprender lo que enseña". Estos jóvenes parecen decir que aceptan cambiar cuando el adulto –la autoridad que enseña– no se coloca por fuera de la situación de aprendizaje sino que se implica, se hace cargo, asume el lugar que le toca y no abandona a quien intenta sostenerse allí –e incluso intenta impedir que sus alumnos se desliguen de la situación, desistan de aprender. También expresan, a su modo, que renuncian a rehuir de la situación de aprendizaje y se implican ellos también, aceptan quedarse, cambiar, aprender, trabajar aún cuando esto suponga un esfuerzo.

En tanto lugar de reconocimiento, quien ocupa ese lugar de autoridad puede ejercerla mientras se la reconozca, por ello es temporal, limitada, implica el riesgo de perderse para aquel que la ejerce por el hecho mismo de ejercerla. Toda autoridad humana, en consecuencia, debe tener una causa, una razón de ser, no basta con que "sea", no es una esencia dada para siempre y debe ser considerada legítima por algún motivo.

Dijimos, entonces, que la autoridad se reconoce, se acepta y por ella se actúa de manera de realizar un cambio en el sentido que plantea. Todo esto supone una renuncia: perder algo (un estado, una identidad, un nombre) que venía siendo o incorporar algo nuevo al modo de ser y pensar, por ejemplo, convertirse en alguien que conoce historia o geografía, que lee una novela, que escribe sus propios textos, que aprende sobre mundos distantes y valoriza este trabajo (incluso cuando no se encuentra valorizado en el contexto del alumno). ¿Pero qué es lo que promueve la renuncia?, se pregunta Kojève y responde que, de acuerdo al tipo de autoridad que ejerce su acción con objetivos diferentes (un padre, un jefe, un maestro, un juez), se renuncia por motivos también diversos: preservar la vida, obtener un proyecto de vida propio, formar parte de una herencia, vivir en un mundo justo y equitativo.

Podríamos pensar que los jóvenes que reconocen autoridad en los profesores que insisten en enseñarles, renuncian a "no aprender", a "no trabajar", y reciben a cambio un lugar de pertenencia, la posibilidad de verse inscriptos en una trama de relaciones intergeneracionales y entre pares y ser reconocidos porque ello los reposiciona a su vez, en relación a ellos mismos, en el presente y en un futuro. "Me siento mejor cuando me doy cuenta de que entiendo, que puedo discutir temas difíciles como la gente grande, antes me sentía medio tonto y me cerraba, no quería entender, me parece. En eso me ayudó mucho mi profesor de matemática que me bancó de todo...", decía un alumno de 3º año mientras pensaba en la relación con sus profesores y a quienes les reconocía su autoridad.

Otros jóvenes, de 18 y 19 años de una escuela nocturna, no pensaban que sus profesores los respetasen y afirmaban estar "de paso" en esa escuela, tanto como ellos. "Vengo a la escuela por el título, para poder trabajar y ganar mejor, pero el estudio no es para mí, eso es para ricachones, para inteligentes, no para mí, los profesores lo saben y por eso no les importa que aprendas." "No todos, hay buenos profesores también. Un buen profesor es el que no te mira feo y te explica cuando no entendés", afirma otro, "hay algunos que te bancan y esperan cosas buenas de vos". Hay aquí un reconocimiento a la autoridad del docente en tanto ésta es ejercida haciéndoles lugar como sujetos capaces de aprender, que no "miran feo", que "esperan cosas buenas", los miran posibilitando una comprensión del conocimiento así como el acceso a un reconocimiento de sí mismos.

Una autoridad en este sentido se inscribe a sí misma en una transmisión que no cesa, no se ve interrumpida porque el alumno sea, a la vez, trabajador, vaya de noche a la escuela o no entienda, en un principio, lo que se le enseña. Para ser reconocida, la autoridad debe reconocer antes, desplegar miradas habilitantes sobre todo alumno como sujeto capaz de aprender, de hablar, de pensar, de conocer. Reconocimiento y conocimiento se anudan en una fuerte alianza.

Una maestra relataba su propia experiencia como adolescente y alumna durante un taller **15** , decía con emoción que había crecido en una institución para menores durante la dictadura, que sólo la mirada de reconocimiento y esperanza de algunos de sus profesores le había dado la oportunidad de pensarse a sí misma de otra manera y de proyectarse. "Algunos nos enseñaban valorizándonos, nos daban los conocimientos como si nos imaginaran en un futuro diferente, en libertad, a nosotros que estábamos doblemente presos en ese instituto y en esa época. Si no fuera por ellos, yo no estaría acá."

La mirada habilitante de la autoridad es, sin duda, causa de que las potencialidades del alumno se desarrollen, de que los destinos se tuerzan, es la confianza que se da de antemano, una anticipación de lo que otro podrá aun cuando hoy no pueda del todo. En este sentido, el reconocimiento es el sustento de una transmisión que no se interrumpe y que demanda una confianza instituyente para generarse.

1.4. Transmisión, origen, crecimiento, confianza

La transmisión es probablemente el lugar específico por donde transita la autoridad pedagógica. Su "casa" ambulante y transitoria – no sólo propia–, que no deja de construirse a cada paso y, en el mismo momento, habitarse **16** . La transmisión está hecha de tiempo y nos inscribe en el tiempo. Tiempo de "pasaje" para algunos y de formación para otros, de constituirse en "postas" para los adultos y de tomar prestado imágenes y modos de mirar para los más jóvenes. La transmisión, en este sentido, ofrece lo intangible, lo inmaterial de nosotros mismos y lo dona sin esperar nada a cambio, no pasa objetos de una generación a otra ni contenidos culturales fijos o conjuntos de conocimientos ya constituidos, tampoco la memoria exacta de un pasado que se crea inmutable, una masa de hechos que "fueron así". Hay en la transmisión una manera particular de anudar el presente con el pasado y el futuro, al pasar un testimonio que vive y que vuelve a relatarse en el presente, se da sentido a lo que está aún por venir y, entonces, abre posibilidades futuras. El pasado que se transmite se propone en una continua elaboración y, en lugar de repetirse en acto, idéntico y fijo, se recrea.

La transmisión aloja a la autoridad porque es ésta la que reúne en su ejercicio un origen que produce movimiento desde su potencia, una palabra que viene de lejos pero que vuelve a ser dicha en el presente y un gesto que da lugar, de cara al futuro, a otros que vienen llegando. Artesanalmente, la autoridad en este sentido teje con la fuerza de la transmisión, pasado, presente y futuro en una continuidad no lineal que se mantiene en relación con un origen.

Douailler (2002) afirma que: *El término autoridad enuncia su relación con el comienzo. La* auctoritas *es el poder de un* auctor. *Es el poder de un autor, en el sentido en que se habla del autor del universo, del autor de mis días, del autor de una invención o un libro, del autor de su destino, de una tradición, de un complot, de un crimen, etc. Hablar o actuar con autoridad es permanecer en ese punto de origen. No necesariamente es uno mismo el autor. La autoridad se delega; podemos recibirla de otro o transmitirla a los demás. Pero es hablar u obrar a partir de una potencia de origen, sea nuestra o no* (2002: 87).

Así, el origen funda a la autoridad y, a su vez, funda lo que nace con la autoridad, aquello que debe cuidarse para que crezca, lo que se despliega a partir de su ejercicio, lo nuevo que traen "los nuevos". En el ejemplo del maestro de escuela que propone el filósofo, aparece la articulación entre quien ejerce la autoridad y esa "potencia de origen que comenzó antes que él": *Esto comienza (o recomienza) igualmente con él. Sus palabras y sus gestos producen sin duda una interrupción del tiempo y del vivir en la cual empieza, precisamente, el tiempo de la escuela. (...) Hacen renacer al alumno en el niño* (2002: 87). Un tiempo de escuela que puede ser tiempo de infancia o adolescencia cuando la experiencia escolar la preserva y la cuida, tiempo del ensayo de la palabra y las autorizaciones incipientes. Es por esto que la autoridad no vale tanto por sí misma como por lo que hace nacer y crecer.

El origen latino del término *auctoritas*, así lo atestigua. *Auctor augere* no se refiere sólo al autor sino también al crecimiento (*augere*), al despliegue de lo que nace a partir de allí, de lo que comienza a acontecer a partir del origen.

Es Hannah Arendt quien habla del origen en estos términos –como el nacimiento de algo nuevo– y liga autoridad, fundación y transmisión a través del recorrido por una sociedad regulada bajo el estricto principio de autoridad, la política romana. Para esta autora el momento de la fundación de la ciudad es el comienzo de la historia política, a la vez que de una comunidad de ciudadanos ligados por su respeto común hacia su fundación. Por eso toda fundación política es estar vinculados y obligados por el pasado, mantenerse unidos por la renovación del esfuerzo inicial que dio, de una vez por todas, nacimiento a la ciudad actual que, a su vez, se proyecta en un futuro.

Los textos de Arendt subrayan tres elementos de la autoridad. Por un lado, la *auctoritas*, que se comprende a partir del verbo *augere* (aumentar). Ejercen autoridad no los que son autoritarios sino los que aumentan constantemente su fundación. La *auctoritas dependía de la vitalidad del espíritu de fundación, gracias a la cual era posible aumentar, incrementar y ampliar los cimientos que habían sido puestos por los ancestros* (Arendt, 1963: 207). La autoridad corresponde a la transmisión, la actualización y el crecimiento de aquello que se pone en juego en la fundación de una ciudad, un principio postulado en los comienzos: una comunidad de individuos que se instituye como tal. Una misma procedencia los liga y reúne en lo que viene a partir de allí. Dice Tassin, analizando a Arendt: *Por eso* auctor *es lo contrario de artífice: no es el constructor de la ciudad, como si se tratara de forjarla en todas sus partes, sino su "aumentador", aquel que la sostiene, la evoca y vivifica su espíritu* (2002: 164).

Así, la fundación es transmisión y continuidad, aquello que se funda pero que no queda allí, crece, se transforma y no existe a menos que sea nuevamente erigida. La continuidad y la inmemorialidad son parte del inicio de una historia que se despliega y se transmite. La autoridad se sostiene siempre sobre esa inmemorialidad, ese origen que no puede fijarse pero que está detrás, dando inicio. En este sentido autoridad es cambio y movimiento, como señalaba Kojève, y agregamos, no sólo de aquellos que reciben la influencia de la autoridad sino del par de sujetos que la componen, en este caso: docente y alumno, adulto y niño o joven.

Una profesora de lengua y literatura **17** señalaba que para ser docente en estos tiempos "hay que estar dispuesta a cambiar, no sólo esperar que ellos cambien, y eso es lo más difícil porque no nos prepararon para eso, sino para mantener algo siempre igual". La posibilidad de transformar el propio ejercicio de la autoridad pedagógica junto con los alumnos es lo que permite a muchos alejarse del malestar que aqueja con frecuencia al ejercicio de la docencia (expresado a menudo en forma de padecimientos físicos o psíquicos): "me relajo cuando puedo escucharlos, me exijo menos a mí misma" o "disfruto de dar clase cuando los escucho hablar sobre lo que piensan de los textos que leemos, descubro todo lo que piensan de la vida y a veces también me sorprendo... también me horrorizo".

Laurence Cornu (2003, 2005), retomando a Arendt, afirma que la fuente de la autoridad es proteger lo frágil en tanto los "nuevos", los "recién llegados" demandan este trabajo de lo humano a partir de un nacimiento. Lo que una crisis de la autoridad pone en cuestión es este mismo punto, la esencia de la educación y de la autoridad, como fragilidad doble: la del pasado y la del futuro; responder al pasado, es decir, hacer lugar a una herencia, y a la vez, hacer lugar al nacimiento, a lo nuevo, a lo que debe preservarse sin interrumpir su despliegue y crecimiento. Cornu subraya que la desaparición moderna de la autoridad tradicional, basada en fundamentos monárquicos o divinos, nos confronta con la autoridad bajo la forma de la responsabilidad. *¿A qué queremos responder si no es a un absoluto o un pasado intangible? ¿Qué consecuencias queremos asegurar y en cuáles queremos estar presentes?* (2005: 7). Hay allí una decisión a tomar de la cual no somos siempre concientes y que define la posibilidad de otorgar nuevo sentido al ejercicio de la autoridad y al "estar" en la escuela, con otros, tan diferentes y tan semejantes a la vez.

Es por esto que ejercer la autoridad se distingue del mero ejercicio de un poder sobre otro, implica un "estar allí" haciéndose cargo, para promover un recorrido propio, una búsqueda que sólo cada alumno puede hacer (ni siquiera todos juntos ni todos de la misma manera), una transformación subjetiva que la filosofía denomina emancipación. Si fuera posible promover procesos de emancipación mediante el ejercicio de una autoridad pedagógica concebida de otro modo, hoy, este ejercicio demanda la capacidad de interponerse e interrumpir aquello que atenta contra el crecimiento como sujetos de niños y jóvenes, de proteger lo que intenta ser pero no cuenta con las condiciones necesarias, lo que se inicia y demanda cuidado para que continúe, lo que puede correr el peligro de ser destruido. Es así que la autoridad es lo que se opone al reino de la fuerza, lo que debe interponerse a la imposición forzada de uno sobre otro para proteger lo posible. Una autoridad hecha de confianza, que "haga" confianza **18** sosteniendo dos actitudes conjuntamente, un *saber escuchar* y un *saber decir, comprender las preguntas y saber decir los límites* (Cornu, 2005: 1-2), en relación recíproca, por fuera de una lógica de desconfianza, controladora del otro. Nuevamente, una autoridad que mantenga un lugar de asimetría sin posición de superioridad y sin reintroducir jerarquías, que sea garante del crecimiento de lo nuevo, que sostenga una ley estructurante, fundamental, con firmeza, aun cuando —en palabras de René Char citadas por Cornu– nuestra herencia no esté precedida de ningún testamento.

Así, el ejercicio de la autoridad también supone una renuncia, a la omnipotencia, a la totalidad, al control del otro, a capturarlo y cambiarlo según los propios deseos, a ejercer un poder que no cesa, por siempre, ajeno a la finitud de todo encuentro entre humanos. Renuncia también al reino de lo idéntico, a lo que devuelve la propia imagen en espejo y genera un ilusorio sentimiento de completud porque la producción de ese otro, a imagen y semejanza, nos pertenece. Renuncia a los lugares fijos para siempre, a lo eterno, lo cómodo, lo inmutable.

La transmisión ocurre sólo cuando soslaya cualquier tentación de omnipotencia. Y tiene que ver con los lugares. No con los lugares a tomar, sino con aquellos a los que llegamos cuando nos toca el turno, al azar, y por tiempo limitado. Palabra presente y narración precisa de lo que fue, bordeada por las sombras y las atentas claridades del silencio, toda transmisión supone, primero, admitir como ley común, en soledad y solidaridad, su propia finitud (Cornu: 2005, s.p.).

Una confianza instituyente es la manera en que podemos nombrar esta posición de autoridad que se autoriza a sí misma al liberar al otro del afán de control y la sospecha permanente. Confianza que tiene la potencia de anticipar lo que va a ir ocurriendo en la relación porque hace que el otro se sienta reconocido y pueda responder desde imágenes valorizadas de sí mismo, en el marco de una relación que sostiene un trabajo por hacer. Confianza que no es garantía absoluta, sino riesgo de que muchas idas y vueltas ocurran en esa relación.

Es la postulación de sí mismo como garante de algo que comienza y se despliega pero que depende de la propia mirada en qué sentido habrá de hacerlo. Ella contradice estos tiempos en que la desconfianza es lo que rige las relaciones, cuando la inseguridad y la amenaza se viven persecutoriamente próximas, cotidianas, al acecho en cada esquina (y, probablemente, en cada escuela y cada aula). Tiempos en que el semejante va perdiendo su carácter de tal y se vuelve competidor, otro consumidor, peligroso y sospechoso en su ajenidad. Son los jóvenes de la escuela nocturna que citábamos anteriormente quienes sienten que se los "mira feo" y, por tanto, también ellos desconfían de sí mismos, de la escuela, de sus docentes y no arriesgan nada de sí en su relación con ellos y con el conocimiento.

Es por esto que la confianza en que se basa la autoridad a inventarse hoy, en nuestro contexto, no está hecha de ingenuidad, de neutralidad o de tranquila comodidad a la espera de lo que los otros tienen para demostrar. Por el contrario, es riesgo, compromiso, esfuerzo y trabajo, anticipo incierto de lo que vendrá, es actitud ética y política.

En este sentido, la autoridad –tal como la venimos pensando– encuentra sus puntos de referencia y de apoyo en las articulaciones desarrolladas hasta aquí:

- se enmarca en una transmisión que le da su sentido cuando se piensa que sin "pasaje" entre generaciones no hay sociedad o comunidad que sobreviva; transmisión que es una reunión de tiempos –pasado, presente y futuro– portadora de vida, donde el pasado no muere ni se repite igual, sino que vive en un presente y en un futuro recreado;

- parte de un origen en común: una cultura, una historia, un mundo de significaciones e identificaciones, con el que la autoridad se relaciona y de donde toma su potencia;

- asume la tarea de "hacer crecer" lo nuevo que nace, lo frágil de lo humano que no debe perderse ni ahogarse en medio de mandatos rígidos o ante la ausencia de miradas de reconocimiento, y

- se sustenta en una confianza instituyente que dará lugar a lo que pueda venir del otro si se le da la oportunidad, se abre a lo novedoso, lo que a menudo sorprende y nos mueve de nuestro lugar habitual, desplaza los cuerpos de los espacios que les han sido asignados "naturalmente".

Numerosas experiencias, en escuelas muy diversas, con docentes que interrogan sus prácticas, condensan estos aspectos en el ejercicio de su autoridad y garantizan una transmisión cultural aún cuando sus alumnos no les ofrezcan una imagen "esperable" y "confiable". Docentes que han renunciado al "ellos no saben, no pueden leer ni escribir, son violentos, no tienen arreglo..." y han pasado a inventar formas de participación conjunta alumnos-docentes, donde en el marco de una experiencia genuina, los jóvenes o niños saben, pueden, leen, escriben, se relacionan sin violencia, se apasionan por conocer, crear, etc.

1.5. La pregunta por la autoridad en tiempos modernos. Foucault, "la actitud de la modernidad" y el "cuidado de sí mismo"

El muro, también decía, no está ante nosotros,
sino en nosotros; ahí es donde debemos golpear.

Jabés (1991: 453)

Nos proponemos seguir pensando nuevas formas y figuras que ayuden a recrear el ejercicio de la autoridad. Parece indispensable para ello, en tiempos de transformación, revisar la relación consigo mismo y con la propia época, los modos de mirar la actualidad, la historia singular y colectiva que nos trajo hasta aquí, reubicar allí la escuela, el lugar elegido –o asumido como responsabilidad– en ella para trabajar, las expectativas iniciales y el recorrido realizado.

Tomaremos aquí dos textos de Michel Foucault, filósofo contemporáneo, pensador del sujeto y del poder; en el primero sitúa la emancipación y la liberación de toda autoridad externa como ideales de la modernidad –¿*Qué es la Ilustración?* (1996)– y en el otro cuestiona a través de la historia un modo de pensar al sujeto y su relación con la verdad (y con la autoridad) –*Hermenéutica del sujeto* (1996)–. En diálogo con ellos volveremos a cuestionar el lugar de autoridad que la modernidad ha forjado y a proponer otros modos de concebirla. Una mirada histórica y sobre la actualidad, en compañía de Foucault y sus textos, harán el recorrido.

La pregunta por la actualidad, al modo foucaultiano, es un interrogante por la relación del sujeto consigo mismo, con la propia historia, en tiempos contemporáneos. Allí donde diferentes filósofos, historiadores y quienes estudian al sujeto en sus diversas perspectivas miran el tiempo que les toca vivir, se miran a sí mismos y problematizan la relación con el presente reconociendo en los tiempos actuales los modos particulares que se dan entre las relaciones de poder y *el trabajo indefinido de la libertad*. Desde esta perspectiva, poder y libertad no son opuestos sino aspectos de un mismo proceso ya que el poder como juego de relaciones da lugar a lo que aún no es pero puede ser y tiene que ver con la singularidad de cada sujeto. No sólo impone formas de pensar, estar y vivir ya establecidas socialmente, no sólo baja de "arriba hacia abajo" e instala lo que pretende sino que se entreteje horizontalmente en el juego de encuentros entre sujetos. Acontecen allí, a su vez, resistencias, oposiciones y recreaciones subjetivas que son garantía de movilidad en los sujetos y creación de espacios de libertad colectivos.

Es interesante retomar, en este sentido, el pensamiento de un filósofo que buscó en la historia estos modos de relacionarse con uno mismo, encontrando que no siempre los sujetos se miraron críticamente y, por tanto, se cuestionaron acerca de la autoridad que definía cómo vivir, pensar, conocer. Foucault sitúa la crisis de la autoridad tradicional y la existencia de un movimiento hacia la autonomía del sujeto refiriéndose a la *actitud de la modernidad*, la que surge de su análisis del texto de Kant *¿Qué es la Ilustración?* (1784: 481-491) aparecido en un periódico de la época, en el que éste responde a esa misma pregunta, haciéndose cargo en su escritura de la actitud moderna paradigmática: preguntarse por la actualidad, por el hoy como diferencia en la historia, por el *campo actual de las experiencias posibles* (Foucault, 1996: 82).

Para Foucault, Kant es el primer filósofo que hace una reflexión crítica sobre la actualidad de su empresa, es decir, liga la significación de su obra con relación al conocimiento, una reflexión sobre la historia y un análisis particular del momento en que escribe y a causa del cual escribe. Es un texto y un pensamiento bisagra en la historia, afirma Foucault, porque permite comprender la actitud de la modernidad y, entonces, comprender que ésta no es una época ubicable en el almanaque, cronológica, sino que se caracteriza por entrañar en sí misma una nueva relación del sujeto consigo mismo, inédita. De esa actitud de pregunta sobre la actualidad se hace cargo Kant al responder la pregunta ¿Qué es la Ilustración? Y se contesta: es una *salida de la minoridad*, un cuestionamiento de la autoridad, una problematización de la relación con el presente, del modo de ser histórico y la constitución de sí mismo como sujeto autónomo.

Para Foucault, Kant define la Ilustración de una manera casi enteramente negativa, como una "salida". Afirma que, en otros textos sobre historia, Kant llega a hacer preguntas por el origen o a definir la finalidad interior de un proceso histórico pero que en el texto sobre la Ilustración, la pregunta concierne a la pura actualidad. No busca comprender el presente a partir de una totalidad o de una finalidad completa en el futuro. Busca una diferencia, la diferencia que introduce el hoy en relación al ayer, la experiencia actual en sus límites y posibilidades. Lo que a Foucault le interesa es cómo Kant propone la pregunta filosófica del presente y responde una pregunta que lanza este periódico en diciembre de 1784 **19** donde indica enseguida que esta "salida" que caracteriza la Ilustración es un proceso que nos saca del estado de "minoridad", de *un cierto estado de nuestra voluntad que nos hace aceptar la autoridad de algún otro para conducirnos por los dominios donde conviene hacer uso de la razón* (Foucault, 1996: 87). Da tres ejemplos: estamos en estado de minoridad cuando un libro se ubica en el lugar de nuestro entendimiento, cuando un director espiritual ocupa el lugar de nuestra conciencia o cuando un médico decide en nuestro lugar.

Es decir, salir de la minoridad supondría una toma de distancia en la relación con aquella instancia que determina nuestro pensamiento, un cierto ejercicio de la voluntad y del uso de la razón, sin que nada o nadie externo imponga las suyas. Es necesario subrayar, afirma Foucault, que esta salida es presentada por Kant de manera bastante ambigua. La caracteriza como un hecho, un proceso que se desarrolla; pero también la presenta como un trabajo y una obligación. Desde el primer párrafo señala que el sujeto es él mismo responsable de su estado de minoridad, por lo tanto, sólo podrá salir de él por medio de un cambio que operará sobre sí. De manera significativa, Kant dice que el sujeto de la Ilustración tiene una divisa, un rasgo distintivo, una consigna que uno se da a sí mismo y que propone a otros. La consigna es: *ten el coraje, la audacia de saber*" (1996: 88). Hay que considerar que la Ilustración es a la vez un proceso colectivo y un acto audaz a realizar personalmente. El sujeto es, a un mismo tiempo, elemento y agente del mismo proceso. Puede ser actor en la medida en que forma parte del proceso, y forma parte del proceso en la medida en que decida ser actor voluntario. En otras palabras, se postula allí que no hay emancipación posible si no se produce un acto de invención mediante el cual el sujeto se constituye a sí mismo como emancipado [20].

Esa invención de sí mismo es la *actitud de la modernidad*, un modo de relación que se establece con uno mismo. Podría decirse que lo fundamental de este quiebre histórico es que el sujeto no deja de relacionarse con el presente imaginándolo distinto de lo que es, en una práctica incesante de transformación. *Ser moderno es no aceptarse a uno mismo tal como es en el flujo de momentos que pasan, es tomarse a sí mismo como objeto de una elaboración compleja y dura. (...) El hombre moderno, para Baudelaire, no es el que sale al descubrimiento de sí mismo, de sus secretos y su verdad escondida, sino el que intenta inventarse a sí mismo* (1996: 98). Ser moderno es hacer de uno mismo una obra de arte a través de la elaboración de sí, de la conquista de lo eterno en el presente mismo –vivirlo y a la vez imaginarlo como algo distinto– y del juego de la libertad con lo real para transfigurarlo.

Si la Ilustración es, entonces, una cierta manera de pensar, de filosofar, de concebirse el sujeto a sí mismo, de utilizar la razón, de colocarse ante la autoridad saliendo del estado de minoridad, no es posible estar a favor o en contra, sino advertir la necesidad de comprender sus condiciones históricas, sus alcances, su capacidad de transformación social o sus promesas incumplidas.

Foucault invita a pensarla rechazando todo lo que se presente bajo la forma de una alternativa simplista y autoritaria o generando alternativas de cambio "total" ante los actuales problemas. Sabiendo que el trabajo crítico de pensarse a uno mismo implica todavía la "fe en la Ilustración", un trabajo sobre los propios límites, *una labor paciente que le dé forma a la impaciencia de la libertad* (1996: 111). Es interesante retomar estas ideas hoy, cuando la trama que sostiene un sentido social y singular se halla desgarrada, deshilvanada, demandando de cada uno, de cada institución y en cada relación, un trabajo crítico, de pensamiento y de tejido nuevo que no puede hacerse en soledad.

La historia y la actualidad cuentan que nuestras sociedades no se han liberado de toda autoridad externa a sí mismas y no se han emancipado por el camino de la razón. Esta no nos ha permitido progresar hacia el conocimiento y la felicidad totales colocándonos en igualdad unos con otros. No hemos llegado a ese futuro promisorio de felicidad. Por el contrario, el ideal de la emancipación por vía de la razón que todo lo conoce y domina no nos ha hecho grandes y libres, ni emancipados e iguales. Sin embargo, la misma modernidad abrió la pregunta por nosotros mismos en la historia e instaló una perspectiva inédita que permite desplazar los límites del propio pensamiento y criticarnos **21**.

El texto de Foucault parece lanzar una invitación. Parece decir: preservemos la actitud crítica buscando otras lógicas para el uso de la razón preguntándonos, en realidad, qué es la razón y qué norma la define; ensayemos modos de pensar menos totalitarios, no dominantes de todo ni de todos y recreemos allí modalidades de autoridad y autorización de uno mismo. Entonces es posible que se abran alternativas no totales, parciales, temporales.

En este sentido, la "autoridad como dominio del otro", desplazada, no dará lugar automáticamente a una respuesta acabada, teoría o doctrina que ocupe su lugar, no es el saber acumulado lo que ofrece nuevas respuestas –completas y terminantes– a nuevos modos de tejer la trama subjetiva que nos sustenta. *(...) la pretensión de escapar al sistema de la actualidad para dar programas de conjunto de otra sociedad, de otro modo de pensar, de otra cultura, de otra visión del mundo, no han llevado más que a volver a las más peligrosas tradiciones* (Foucault: 1996: 106). No habría un hombre –o mujer– nuevos a inventar o el plan organizado de una sociedad renovada a instalar, de una vez por todas. Hay espacios diferentes que conciernen a nuestros modos de ser y de pensar y que se traducen en las relaciones con la autoridad, las relaciones entre géneros, la relación con la locura o la enfermedad, el modo de pensar las diferencias, etc., que fueron transformándose parcialmente y que pueden seguir haciéndolo. Se trata de preguntarse y cuestionarse críticamente, de hacer la ontología de nosotros mismos, en palabras de Foucault, implicándonos en el cambio. Se trata más bien de una actitud transformadora del propio lugar y la propia acción a poner en juego más que de un estado nuevo y fijo a alcanzar, explorando en pequeños espacios, en las relaciones cotidianas, en el marco de un tiempo presente. Se trata de buscar más que de encontrar.

Sería entonces válido insistir en la búsqueda de nuevos modos de autoridad que establezcan un nuevo régimen de palabras y de acciones **22** coherente con nuestro tiempo. En la búsqueda se recibirán respuestas de aquellos a quienes van dirigidas esas palabras y acciones de autoridad –nuestros alumnos y alumnas– y sus respuestas nos volverán a señalar hacia dónde y hacia quiénes hablamos, cómo escuchamos, qué decisiones tomamos en relación a ellos. No lo sabemos de antemano, contamos con lecturas del mundo en que vivimos y algunas certezas que no deseamos abandonar: la necesidad de sostener una transmisión y lo indispensable de nuestra mirada de reconocimiento.

"Un mundo sin adultos" se titulaba un trabajo grupal de unos alumnos de segundo año, en un taller sobre derechos del niño y el adolescente. Reflejaban allí, en el dibujo de una ciudad imaginaria vista desde arriba, los miedos e incertidumbres que todos compartimos: la inseguridad, la violencia, los accidentes, el stress, etc. pero resaltaba en el dibujo compartido la falta de caminos, de salidas, las calles cortadas, los lugares desiertos, la ausencia de referencias y personas reunidas. Querían señalar un desorden particular que no era sólo el de los peligros urbanos, "es que en esta ciudad no hay adultos...", explicaban.

El lugar del adulto y del tipo de autoridad que ejerce demanda hoy revisiones, retomamos entonces la apuesta foucaultiana por una *ontología crítica de nosotros mismos*, esta vez a partir del concepto de *cuidado de uno mismo* por lo que este concepto convoca al cuestionamiento del propio pensamiento y acción que se implican en toda situación y no sólo mediante la razón. Este concepto es desplegado por Foucault en *Hermenéutica del sujeto* (1996) y recurre allí a la noción de é*piméleia,* figura del pensamiento de la Antigüedad occidental, que sintetiza una actitud en relación a uno mismo, a los otros y al mundo. Una actitud que es una determinada forma de atención, de mirada que se desplaza desde el exterior (el mundo y los otros) hacia uno mismo. Esta actitud es, también, modo de actuar, forma de comportarse que se ejerce sobre uno mismo, *a través de la cual uno se hace cargo de sí mismo, se modifica, se purifica, se transforma o se transfigura* (1996: 36). Por tanto, es una preocupación por uno mismo lo que está en juego, que se traduce en transformación de las relaciones interna y externamente.

Será la modernidad, afirma el filósofo, la que privilegie el conocimiento de uno mismo sobre la preocupación por uno mismo y la que luego le dará un sentido negativo, "egoísta", de repliegue, a diferencia del sentido que asumía como ética en la Antigüedad. A partir de Descartes se pondrá el acento en el conocimiento de uno mismo como única vía de acceso a la verdad y el cristianismo y la modernidad pondrán como obligación la renuncia a uno mismo para hacer prevalecer la obligación para con los otros. Es así que, para la lógica moderna, este *cuidado de uno mismo* carga con otras significaciones, menos favorables, que resuenan condenables por considerarse autocentradas y egoístas.

Foucault se pregunta en este texto de qué manera puede tener el sujeto acceso a la verdad, cuáles son las mediaciones necesarias y a través de qué o de quiénes puede realizarse este trabajo. Una relación con la verdad que no es entendida como relación con el conocimiento objetivo, sino en un sentido más amplio, que incluye otros aspectos subjetivos más allá de los intelectuales. Una actitud, una mirada, una posición subjetiva, una ética.

Hay un precio a pagar para el sujeto en este proceso, dice Foucault, y es precisamente la transformación de sí mismo en algo distinto de lo que es. Esta será la búsqueda, las prácticas, las experiencias a través de las cuales se operará un cambio que lo pondrá en contacto con la verdad, la que retornará sobre el sujeto iluminándolo, otorgándole tranquilidad de espíritu, algo de su perfeccionamiento o transfiguración. El acto de conocimiento no será tal sin la preparación y el acompañamiento de la transformación del sujeto mediante una experiencia que va más allá del acto de conocer. Es la modernidad la que instala el acceso a lo verdadero como conocimiento objetivo.

Dice Foucault: *En la época moderna la verdad ya no puede salvar al sujeto. El saber se acumula en un proceso social objetivo. El sujeto actúa sobre la verdad, pero la verdad ha dejado de actuar sobre el sujeto. El vínculo entre el acceso a la verdad –convertido en desarrollo autónomo del conocimiento– y la exigencia de una transformación del sujeto y del ser del sujeto por el propio sujeto se ha visto definitivamente roto* (1996: 41).

Se perfila aquí un sentido de búsqueda de la verdad que no está en otro lugar más que en el sujeto mismo, pero no en un sí mismo esencial y ya dado, sino en aquello que se va transformando a lo largo de un proceso. Esto hace que la misma búsqueda vaya trabajando la subjetividad e influya sobre ella. Más que el logro de una meta ubicada en el futuro, por fuera del camino a atravesar, se trataría de un recorrido que constituye el objetivo mismo de la transformación. Este es un proceso subjetivo pero no es un proceso a solas sino mediado por otro.

El otro es indispensable en la práctica de uno mismo para que la forma que define esta práctica alcance efectivamente su objeto, es decir, el yo (1996: 55). Para que la práctica de uno mismo sea efectiva resulta indispensable el otro, dice Foucault, a través del ejercicio del ejemplo, de la capacitación y del desasosiego, ejercicios que reposan sobre un determinado juego de la ignorancia y de la memoria. La mediación indispensable entre ignorancia y memoria, ignorancia y saber es el otro. Advierte Foucault que no se trata de que el individuo tienda a sustituir la ignorancia por un saber completo sino por *un estatuto de sujeto que en ningún momento de su existencia ha llegado a conocer. Tiene que sustituir el no-sujeto por el estatuto de sujeto definido por la plenitud de la relación de uno para consigo mismo* (1996: 56). Y esta transformación de la subjetividad sólo puede ser mediada por un otro, un maestro que es operador en la reforma de un individuo y en su constitución como sujeto.

Encontramos así una estrecha relación entre el cuidado de uno mismo, la transformación de sí, el acceso a la verdad como proceso subjetivo y la relación con una autoridad, aun cuando Foucault no utilice en forma explícita este concepto. La autoridad es aquí desplazada hacia el propio sujeto que conoce y actúa así como ubicada, al mismo tiempo, en la figura del mediador que establece un puente en el sujeto consigo mismo.

Este ejercicio de mediación no deja de incluir el ejercicio de un poder. Poder que es reconocido, no negado ni omitido en la relación del maestro con su alumno pero será formulado en tanto juego de "relaciones de poder" por oposición a un estado de dominación. Mientras, para Foucault, las relaciones de poder tienen una extensión sumamente amplia en las relaciones humanas de todo tipo, familiares, pedagógica, política, etc. y suponen una inestabilidad y movilidad que permiten el desarrollo de estrategias de modificación por parte de los participantes de esas relaciones, los estados de dominación fijan y bloquean cualquier estrategia, no dejan lugar a movimiento alguno entre las posiciones de dominador y dominado.

Así, podríamos volver a pensar el lugar de la autoridad en este juego de relaciones de poder opuestas a un estado de dominación, una autoridad que desarrolle estrategias en la determinación de la conducta de otros y sea también partícipe de las estrategias de los otros en esas relaciones. Una autoridad que despliegue su acción sobre la acción de los otros en el marco de reglas compartidas donde el poder no es propiedad de nadie sino que se ejerce por unos y otros **23** . Para Foucault, es el *ethos*, la práctica de sí, el cuidado de sí mismo, los que permiten jugar en estos juegos de poder con el mínimo posible de dominación.

Es que el cuidado de sí no supone el despliegue egoísta y desconsiderado de los propios deseos, aspiraciones, preocupaciones, en relaciones con otros donde el poder se ejerza abusivamente y sin límites. El cuidado de sí, según dijimos siguiendo a Foucault, es la transformación de uno mismo por la verdad, donde el conocimiento de un cierto número de reglas de conducta o de principios son a la vez verdades en la relación con uno y con los otros. En este sentido, ocuparse de uno mismo es ocuparse de los otros. Este proceso se aleja de la dominación y el abuso de poder ya que el cuidado de sí mismo requiere un exhaustivo trabajo con uno mismo, una vuelta de la mirada sobre sí en el reconocimiento de esas reglas para sí y para los otros, condición para todo aquel que gobierne, que ejerza poder en un sistema de relaciones.

Decía un profesor de matemática en una escuela nocturna de la ciudad de Buenos Aires: "Cuando salgo de la escuela, tarde a la noche, me voy pensando mucho en mí mismo, me pregunto qué tengo que hacer con estos alumnos, pero no con ellos sino conmigo, qué tengo que cambiar para entendernos mutuamente, no me puedo quedar tranquilo con lo que estudié y tampoco con lo que yo me imagino que ellos pueden... Hay algo de mi parte que tengo que modificar para que ellos aprendan más, para que se porten mejor, pero no sé bien qué."

Emancipación que sólo el sujeto produce, mirada crítica sobre sí y cuidado de sí mismo: pueden ser tareas para la propia autoridad en relación a sí misma. Un juego de relaciones de poder con otros, un trabajo consigo mismo de reconocimiento de sí, de los otros y de las reglas que ordenan las relaciones; un ejercicio que sostiene un lugar de autoridad, paradójicamente, basada en la igualdad y la ignorancia, como nos lo propone el filósofo Jacques Rancière (1987) a través de su texto *El maestro ignorante*.

1.6. Una autoridad basada en la igualdad... y en la ignorancia

> *La igualdad es fundamental y ausente, es actual e intempestiva, siempre devuelta a la iniciativa de los individuos y de los grupos que, contra el curso ordinario de las cosas, corren el riesgo de verificarla, de inventar formas individuales o colectivas de verificación.*
>
> **Rancière** (2004:13)

La autoridad en igualdad podría aparecer, en primer término, como contradicción. Un enunciado que denunciaría su propia imposibilidad. ¿Cómo puede alguien ejercer la autoridad si no es desde un lugar diferenciado, generalmente "superior", reconocido como tal por quien se ubica en otro lugar "inferior"? Y en cuanto a la ignorancia, nada más "aparentemente" equivocado: ¿quién sino una autoridad es la que sabe, la que porta en sí misma el saber, tanto más si se trata de una autoridad pedagógica? Maestros y estudiantes hoy, ante la pregunta por aquello que sustenta un lugar de autoridad, afirman, en su gran mayoría, que se trata del saber, y sin embargo...

Una autoridad posicionada desde la igualdad y en relación con su propia ignorancia es la que propone, por ejemplo, Rancière, en su texto *El maestro ignorante* (2003) y que desarrollaremos en profundidad en el siguiente capítulo. Es una autoridad particular, es la que dice "no más" a un orden de desigualdad, la que puede enseñar lo que ignora porque no enseña desde su saber, la que corta el círculo de superioridad-inferioridad y, colocándose al lado del otro, "en igualdad de condiciones", provoca una relación diferente del otro consigo mismo.

Es, tal vez, necesario hacer algunas advertencias cuando proponemos concebir una "autoridad en igualdad". Esta no supone un borramiento de lugares diferenciados, no supone el abandono de un lugar de responsabilidad o decisión, ni una actitud neutra o puramente instrumental, por ejemplo, ante la tarea de enseñar, como en el caso de la autoridad pedagógica. No se trata de una igualdad que deja solo a quien enfrenta a la autoridad, o le demanda equipararse en la responsabilidad de las tareas, o indiferenciarse espejándose uno en otro. Una docente relataba que, en una situación donde había sentido total imposibilidad para enseñar a sus alumnos de primer año, les propuso que le dijeran lo que debía hacer ya que ella no quería estar allí y sabía que tampoco ellos querían. Esta supuesta igualdad no puede ser sino inhabilitante para uno y para otros.

La autoridad en igualdad requiere que realicemos algunas precisiones para definir de dónde partimos para pensar la igualdad. Esta no es descriptiva (la igualdad que no existe en el orden social), ni declaratoria de principios (una igualdad como meta en un nuevo orden social), ni una igualdad de oportunidades que permanece siempre en potencia. Partimos, en cambio, de los siguientes presupuestos:

- La igualdad es la "condición no política de la política" (Rancière, 1996), es decir, es condición incuestionable e irreductible a partir de lo cual lo humano puede desplegarse, en acto. Es una igualdad ligada a la condición humana de sujetos parlantes.

Es la igualdad que pone a jugar una maestra de una escuela en Solano (provincia de Buenos Aires) entre ella y sus alumnos, habitantes de un barrio de emergencia, cuando lee literatura fantástica con ellos y provoca sus palabras, su escritura. Esta maestra lee las palabras del autor (Horacio Quiroga), las ofrece y escucha a sus alumnos cuando relatan otras escenas "de amor y de muerte" que los tocan de cerca.

- La igualdad es un principio que no permanece como enunciado abstracto por fuera –más allá o por encima– de las situaciones singulares, sino que se actualiza cada vez, se inventa caso a caso, corre el riesgo de verificarse en cada caso.

Es la igualdad de la que parten un equipo de docentes cuando convocan a sus alumnos de 14, 15 y 16 años a escribir sobre "su lugar" en la familia, en el barrio de La Boca, en la ciudad de Buenos Aires, en la sociedad, para publicar en el periódico escolar. Los piensan capaces de hablar de sí mismos y del lugar que sienten que tienen –o no– en este mundo.

- Igualdad no es sinónimo de lo idéntico, de la no diferencia, de lo no discriminado, por el contrario, supone lo singular en juego en cada caso, en cada sujeto, en cada situación. Igualdad es alteridad.

Es la igualdad que suponen muchos docentes cuando no intentan obtener resultados totalmente homogéneos con su enseñanza, sino que esperan, en cambio, el despliegue singular de cada uno de ellos en la escritura, las matemáticas, el juego de ajedrez, la expresión plástica, musical, etc. sin dejar de lado un horizonte común de conocimientos compartidos.

- La igualdad –al actualizarse– constituye un proceso heterogéneo a otro proceso que es el del orden social naturalizado, rompe con la lógica institucional, "policial" (Foucault, 1996) de un orden establecido dado. Es un proceso que redistribuye a los cuerpos en los espacios y tiempos que les están asignados.

Es la igualdad a la que apuestan los docentes de una escuela nocturna del barrio de San Telmo cuando muestran a sus alumnos "mundos distantes", de conocimientos diversos, literarios, históricos, poéticos, musicales, con la convicción de que ellos no están sólo destinados al "trabajo pesado" que realizan antes de llegar a la escuela.

- La igualdad sólo puede verificarse cuando se la da como principio, de antemano, y antes de toda explicación. No requiere explicaciones, se da.

Es la propuesta de muchas escuelas que no preguntan "¿quiénes son?" a sus alumnos, sino que los reciben con un ofrecimiento de lugar que no discrimina por características sociales, étnicas, intelectuales, de género, etc.

En cuanto a la ignorancia de nuestro maestro ignorante, se trata de comprenderla desde un nuevo lugar. Es probablemente –lo veremos a continuación– apertura de sentidos, generación de condiciones, ausencia de certezas sobre el otro, no clausura mediante un saber acerca del otro ni de la situación de aprendizaje, no transmisión de saberes cerrados, no fijación, no cristalización de una situación ya conocida. Ignorancia es una manera de decir experiencia. Ignorancia, en este sentido, es condición para que se produzca una experiencia de enseñanza y, entonces, de aprendizaje.

¿Qué relación tiene la ignorancia así entendida con la autoridad y con la igualdad?

En primer lugar, el maestro que Rancière recupera de la historia: Joseph Jacotot, descubre en sí mismo, ante sus alumnos flamencos, que es un maestro que enseña lo que ignora y se sorprende por ello. Jacotot era un pegagogo del siglo XIX y Jacques Rancière un filósofo contemporáneo que lo "descubre" en la actualidad, para dar cuenta de la igualdad en su libro *El maestro ignorante* (2003). La aventura pedagógica en la que se vio inmerso lo llevó a postular un conjunto de principios acerca de la igualdad de las inteligencias y la enseñanza emancipadora que conformaron su Enseñanza Universal, contrariando lo que su tiempo histórico –el siglo de las luces– consideraba y proponía acerca de la igualdad, la inteligencia y la emancipación. Sobre y a partir de él desplegaremos en profundidad otras ideas en el siguiente capítulo.

Este pedagogo que no sabe de antemano lo que va a ocurrir, se sorprende de sí mismo y de los efectos de sus actos y reconoce el valor de esta experiencia. Ha logrado enseñar ignorando lo que enseñaba. ¿Cómo? Justamente en base a una autoridad que no se sustenta en el saber sino en una relación "de voluntad a voluntad".

Si algo descubre Jacotot en su aventura por Holanda es la disociación entre voluntad e inteligencia. Cuenta su historia que este pedagogo es enviado a enseñar francés a alumnos holandeses, desconociendo él el holandés y sus alumnos, el francés. Sin lengua en común, Jacotot se encuentra en una situación de enseñanza imposible. ¿Cómo enseñar, de qué hablar, a través de qué "cosa en común" que reúna a maestro y alumnos en torno a un mismo trabajo? En una especie de "empirismo desesperado", Jacotot encuentra un libro, el Telémaco traducido en los dos idiomas y lo ofrece a sus alumnos incitándolos al trabajo. Su sorpresa es enorme cuando, al cabo de un tiempo, constata que sus alumnos aprendieron francés sin haber él "enseñado" en el sentido estricto de la palabra, es decir, "explicado" nada.

Enseñar lo que no sabía lo llevó a distinguir, por un lado, la relación de voluntad a voluntad que estableció con sus alumnos y, por otro, la relación de inteligencia a inteligencia que quedó allí en suspenso. Su ignorancia lo ubicó en relación de igualdad con sus alumnos. Ignorando lo que enseñaba, ignoró la desigualdad. Ignorando la lengua de sus alumnos, puso en sus manos un libro y los obligó a ejercitar su inteligencia apelando a la voluntad de hacerlo: lean, comparen, relacionen, escriban, hablen, estén atentos. Así ejerció Jacotot su autoridad, no desde una posición de saber, sino desde una voluntad, no desde una posición de poder, sino desde una decisión de colocarse en igualdad de condiciones con el alumno. Esta manera de enseñar y ejercer la autoridad es una manera de interrumpir el orden explicador y, por tanto, el orden de la desigualdad.

Ser profesor es ser uno más a la vez que se es distinto, decía un profesor de plástica de una escuela de Buenos Aires, reflexionando sobre su tarea. Y hablaba de la igualdad en la relación pedagógica, la que no deja de albergar una asimetría necesaria, constitutiva, productora de lugar para el otro, el "ser distintos". Ser uno más es reconocerse ignorante para hacerse desde allí preguntas genuinas, ser igual al alumno en tanto humano, parlante, creador de sentidos, poeta, pintor, matemático, interlocutor, investigador. Ser distinto, a la vez, es estar en otro lugar, portar en acto una autoridad que hace diferencia, que conduce, habilita, llama la atención, induce a la tarea, promueve, causa, mueve voluntades, interrumpe.

Otra profesora, esta vez de lengua y literatura, se asombraba e inquietaba por el comentario de un alumno, después de una clase sobre textos de Borges: *Entonces, "profe", no podemos leer a Borges si no es con usted...* El impacto del comentario la llevó a cuestionar su modo de enseñar, y a afirmar que tal vez fuera necesario "hacerse a un lado", ubicarse en otro lugar para que el encuentro del alumno con el texto no se viera obstaculizado por su propio saber sobre el texto. Y sin embargo... ¿cómo no dejar de ser mediadora entre su joven alumno y el texto de Borges, si es su insistencia y su pasión por la lectura lo que los reúne, en ese tiempo escolar particular?

Podríamos distinguir, entonces, diferentes modos de ejercer una autoridad. Aquella que se ejerce por medio de la inteligencia, del saber, del colocarse en un lugar superior porque se detenta un poder sobre otro inferior; una autoridad que al ejercerse explica indefinidamente, embrutece, inferioriza, parte de una división de la inteligencia y divide a la inteligencia en dos, la de los que saben y los que no; una autoridad de discurso que necesita explicar y explicarse, ya que explicándolo todo se explica incesantemente a sí misma; una autoridad que ocupa un lugar porque se le ha asignado, que desiguala para confirmarse en ese lugar por temor a perderlo. Una autoridad que no ignora nada.

Por otro lado, podríamos pensar junto con Rancière y Jacotot, una autoridad que se ejerce en el acto de igualdad maestro-alumno, a través de la voluntad y de la relación con la voluntad del alumno. Una autoridad que detiene, que suspende el proceso de la desigualdad, interrumpiendo la explicación sobre todo y sobre sí misma. Una autoridad que interrumpe la continuidad de un orden para proponer otra cosa, un orden igualitario, donde ella misma es "uno más". Una autoridad no jerárquica, dispuesta a asumir un lugar diferente porque ha trabajado y trabaja para ello. Una autoridad que ignora o que sabe por haber recorrido un camino, ha trabajado y tiene ideas, palabras que viene articulando para desplegar con otros, diálogos para abrir con otros que promuevan sus propios caminos, que accedan a los textos por sí mismos, como lo pensaban el alumno que temía no acceder por sí solo al texto de Borges y su profesora.

¿Cómo se accede a un texto? ¿Cuáles son las mediaciones necesarias? ¿Es ese el papel de una autoridad pedagógica: producir el encuentro?... En el territorio educativo se trataría, entonces, de ejercer una autoridad poniendo en relación, reuniendo textos con inteligencias, creando un vínculo particular y estrecho con las palabras de otros, con los infinitos textos que dan cuenta de otros mundos posibles.

El presente capítulo partió justamente de las palabras de otros halladas en la literatura, en las enciclopedias y en la filosofía, elegidas para desandar el pensamiento en torno a la autoridad, volviendo a rearmar nuevos sentidos. Podríamos sintetizarlos en un mapa de recorridos que nos lleva:

   - de la autoridad-dominio a la autoridad-transmisión

   - del pedido de obediencia al reconocimiento del otro

   - de la imposición a la implicación

   - del afán de control a la confianza instituyente

   - de la ilusión omnipotente a la renuncia al todo

- de la pregunta por el otro a la pregunta por uno mismo

- de la superioridad/inferioridad autoritaria a la igualdad en tanto sujetos

Este último recorrido será motivo de reflexiones en el capítulo que sigue, a través de la figura del maestro ignorante, a quien no dejaremos de hacerle preguntas y problematizar sus propuestas.

Notas

[14]. Testimonios surgidos de entrevistas a alumnos adolescentes realizadas en el marco del Proyecto de investigación "Subjetividad, jóvenes, escuela", Ubacyt, Facultad de Psicologia, UBA.

[15]. En el marco de capacitaciones docentes de escuelas primarias en contextos de vulnerabilidad social en la Provincia de Buenos Aires.

[16]. Es Heidegger quien despliega la idea de que el construir es en sí mismo ya el habitar, en su texto *Construir, habitar, pensar* (1994). Dice allí que es necesario aprender a habitar y para ello construir desde el habitar y pensar para el habitar.

[17]. En el marco de una entrevista grupal con docentes, en el proyecto de investigación Ubacyt mencionado.

[18]. "Faire confiance", en francés, en los textos de Cornu.

[19]. Dice Foucault que hoy, cuando un periódico lanza una pregunta a los lectores, es para pedirles un modo de ver los problemas ante los que ya tiene una opinión formada, sin arriesgarse a aprender demasiado, sin apertura. En cambio, en el siglo XVIII, preguntaban al público justamente aquello para lo que no tenían respuesta, lo cual lo hacía más divertido (1996: 83).

[20]. Desarrollaremos con mayor profundidad la cuestión de la emancipación en el capítulo 3.

[21]. Dice Foucault: *No sé si alguna vez nos volveremos mayores. Muchas cosas en nuestra experiencia nos convencen de que el acontecimiento histórico de la Ilustración no nos hizo mayores; y que todavía no lo somos. No obstante, me parece que se le puede dar un sentido a la interrogación crítica sobre el presente y sobre nosotros mismos que formuló Kant al reflexionar sobre la Ilustración. Me parece que incluso es una manera de filosofar que no dejó de tener importancia ni eficacia desde los dos últimos siglos. Hay que*

considerar la ontología crítica de nosotros mismos no por cierto como una teoría, una doctrina, ni siquiera un cuerpo permanente de saber que se acumula; hay que concebirla como una actitud, un ethos, una vía filosófica donde la crítica de lo que somos es a la vez análisis histórico de los límites que se nos plantean y prueba de su franqueamiento posible (1996: 110-111).

[22]. Esta idea es de Douailler, quien afirma que: Podríamos tal vez sentirnos tentados de imaginar, como un eco de esta antigua fábula, que hubo en los tiempos pretéritos una edad de la autoridad, una edad en la cual las palabras y los gestos habrían tenido la verdad y la eficacia de toda instancia reconocida, desplegando certezas originarias que no habrían necesitado dar razón de sí mismas, ni negociar con nadie. Más tarde, ese mundo, imbuido de sus representaciones y de sus prerrogativas, se habría visto precisado a ceder ante el desarrollo de la investigación y de la argumentación racionales, para dar paso a la edad conquistadora de la razón. Por último, la propia razón habría debido reconocer los límites de su poder, así como su propia embestida representada por la extensión sistemática de su imperio sobre los entendimientos, las voluntades, las existencias, y entonces habría estado obligada a compartir el mundo con los demás. Sí, podríamos sentirnos tentados de imaginar una historia de la humanidad en la que se sucedieran la edad de la autoridad, la edad de la razón y la edad del contrato. En verdad, la autoridad, la razón y el contrato no comparten las épocas, sino los regímenes de las palabras y de las acciones (...) la primera parece enunciar un origen, la segunda, elucidar un estado, el tercero, establecer una matriz para la acción (2002: 85-86).

[23]. Si podemos afirmar, con Foucault, que el poder sólo existe "en acto", no "es" de nadie en sentido estricto, se trata entonces de pensar cuáles son las diferentes modalidades de ejercicio del poder. En relación a la autoridad, se tratará de pensar, en el mismo sentido, cuáles son las formas de articular el ejercicio del poder a partir de un tipo u otro de autoridad.

Capítulo 2
Autoridad e igualdad: paradojas de un ejercicio en tiempos de transformación

Es también que el extranjero –el ingenuo, dicen, el que aún no está informado– persiste en la curiosidad de su mirada, desplaza su ángulo, vuelve a trabajar el montaje inicial de las palabras y las imágenes y, deshaciendo las certidumbres del lugar, despierta el poder presente en cada cual de volverse extranjero al mapa de los lugares y trayectos generalmente conocido con el nombre de realidad. De este modo el extranjero desata lo que anudó.

Rancière (1991: 9)

Los tiempos actuales, lo dijimos, nos colocan en posición de crítica y pensamiento, convocan a ubicarnos como extranjeros de nosotros mismos y, así, nos disponen a la transformación. Un doble trabajo que supone desandar lo andado y volver a anudar sentidos preguntándose: ¿es posible vivir, convivir, educar sin autoridad? y, si pensamos que no lo es, ¿de qué manera ir construyendo otras formas en el mismo momento en que la ejercemos?

A menudo, la autoridad cuestionada y criticada lleva a temer que pasado y porvenir se desvanezcan, pierdan su lugar, nos dejen desprovistos de todo **24** , sin inscripción en una historia, huérfanos de protecciones y cuidados. ¿Qué queda si el pasado y el porvenir se vuelven imposibles? ¿Puede un presente solo, sin proyección desde una herencia hacia un futuro, dar lugar a algo de lo humano?

La autoridad eficaz en otros tiempos hoy gira en torno de sí misma sin interlocutores. Lo decíamos en la introducción y en nuestras primeras reflexiones, si la autoridad que era ya no es, si su eficacia se desvanece, su reconocimiento no viene dado y es dificultoso "encarnarla", se hace necesario disponerse al trabajo e interrogar los escenarios sociales que estamos habitando hoy, los sentidos que ya no operan o han quedado funcionando sin producir efectos. Se trata así de un desafío fundamental: intentar reponer sentidos, reencontrar lo que no puede perderse, aprender a perder lo que ya no puede ser, hacer lugar a algo que aún no está. Tal vez eso por venir sea una autoridad *en* igualdad.

Veamos un texto crítico que propone justamente, considerar como un principio a la igualdad al interior del vínculo pedagógico así como la igualdad, en un sentido genérico, *en una sociedad desigual*, en palabras de Rancière.

2.1. El descubrimiento de una autoridad pedagógica que se ejerce en condiciones de igualdad

El Maestro Ignorante es un texto de crítica al concepto de autoridad en sí mismo, de crítica a toda posición de maestro fundada en el saber. Y es que su obra se basa en deconstruir toda posición de maestría sostenida en los fundamentos del saber y el poder, pilares de los grandes ideales modernos de la razón, la emancipación, el progreso, la verdad. Saber y poder para crear supuestos sujetos autónomos y racionales, moldeados según la norma, sin diferencias ni resistencias. Transitamos, en el capítulo anterior, por una crítica a esta visión moderna de los sujetos y las sociedades y su ilusión de alcanzar estados de completud, totalidad y universalidad negadores de todo movimiento singular y de la posibilidad del disenso o construcción desde la diferencia.

Así, el filósofo contemporáneo descubre al "discutidor" Jacotot, pedagogo del siglo XIX. Un "loco" que rema en contra de la corriente de su siglo, que dice lo contrario de lo que se espera, que descree de los grandes ideales porque reconoce en ellos una forma de convalidación del orden social desigual, allí donde –al mismo tiempo– se sostiene que la igualdad es la gran meta social que será alcanzada por vía del conocimiento explicado, "de arriba para abajo", de los sabios a los ignorantes y se confirma por medio de este modo de educar, su desigualdad estructural de sabios explicadores e ignorantes explicados.

En pleno siglo de las luces, en el mismo momento en que se proclama un saber universal que todo lo puede y lo controla, Jacotot apuesta a la ignorancia y, cuando se instala un poder que todo lo sabe y que define a los otros por su ignorancia, Jacotot sugiere que el maestro retire su inteligencia del juego y deje hacer a la inteligencia de los alumnos su propio trabajo, en soledad.

La figura que Rancière encuentra en Jacotot y reconstruye a partir de sus archivos pareciera ser una de sus tantas maneras de poner en escena el cuestionamiento a un tipo de autoridad jerarquizada y a un orden social, el de la "desigualdad igualada", donde, paradójicamente, perseguir la igualdad partiendo de la desigualdad sólo confirma esta última al infinito. Una manera privilegiada de hacer pensar de nuevo y de postular, tanto teóricamente como por medio de una experiencia particular, su concepción de la igualdad y su pensamiento de la emancipación.

La voz que Rancière hace oír de nuevo, la de Jacotot, es entonces una voz extraña, escandalizadora de su época, una voz que, a la vez que se sumergía en el siglo de las luces, lo enfrentaba y conmovía con su empeño –él también– de pensar de otra manera la igualdad, como *principio de igualdad*, axioma postulado de antemano, dando vuelta la lógica habitual de una sociedad en busca de la igualdad que, sin embargo, confirma lo contrario a cada paso.

Poner en movimiento y cuestionamiento las palabras y los discursos, reactivar los sedimentos, es una vocación ranceriana, de allí que el maestro ignorante se constituya, a nuestro entender, en un texto privilegiado para desandar la lógica desigualitaria y autoritaria, la de superiores e inferiores, sabios e ignorantes, inteligentes y no inteligentes, buenos y malos alumnos, y proponer, en cambio, la paradoja de andar un camino emancipatorio a partir de una relación maestro-alumno, en condiciones de igualdad, donde cada uno arriesgue su propio recorrido sin completarse ilusoriamente en el saber y poder del otro. Sin espejos ni imágenes a semejanza.

La voz del filósofo se entremezcla y superpone con la del pedagogo, la acompaña y recrea para hacer escuchar lo que hoy constituye una posibilidad de redefinir este mismo concepto –o proceso–, la igualdad –y la desigualdad–, de una manera también provocadora para nuestro tiempo, dando a ver que la "sociedad pedagogizada" contemporánea instaura una única desigualdad, la de la razón pedagógica.

Desigualdad en un triple sentido: primero porque la razón pedagógica moderna divide las inteligencias en dos tipos: la empírica de los seres parlantes que se relatan y se adivinan los unos a los otros y, por otro lado, la inteligencia sistemática de los sabios: *a los niños y a las inteligencias populares las historias, a los seres racionales las razones* (Rancière, 2004). Se supone que la ignorancia debe salvarse por la instrucción, ya no se trata de relatar y adivinar sino de explicar y comprender. En su segundo sentido, la razón pedagógica se pone en escena como el acto que levanta el velo sobre la oscuridad de las cosas, va de arriba abajo, del fondo a la superficie y de ésta al fondo de las cosas. Es una lógica vertical que se opone a lo horizontal de los aprendizajes entre pares que trabajan comparando lo que ignoran con lo que saben. En su tercer sentido: todo este proceso lleva tiempo y un orden detallado y determinado en ese tiempo que la razón pedagógica determina por fuera de las temporalidades subjetivas. *El velo se levanta progresivamente, según la capacidad que se le puede acordar al espíritu infantil o ignorante en tal o cual estado. Dicho de otra manera, el progreso es siempre la otra cara del retraso. La reducción de la distancia no cesa de reinstaurarla y de verificar así el axioma de la desigualdad* (2004).

El ejercicio de la autoridad del maestro ignorante pone en cuestión la razón y la práctica pedagógica ordinaria, que confía a la inteligencia del maestro el cuidado de colmar la distancia que separa al ignorante del saber. Jacotot invierte el sentido de la disociación: el maestro ignorante no ejerce ninguna relación de inteligencia a inteligencia. Él es solamente una autoridad, solamente una voluntad que dirige al ignorante para que haga su camino, para que ponga en marcha la capacidad que ya posee.

Un pensamiento pleno de paradojas, que interroga las certezas que habitualmente construimos, moviliza el pensamiento, sacude los lugares vacíos al que llegan muchas veces las palabras y ayuda a recrear su sentido. Nos interrogaremos, entonces, acerca de las posibilidades de que una autoridad pedagógica sea reformulada y una relación maestro-alumno "emancipatoria" se constituya en las instituciones donde se enseña y se aprende, movimiento individual y colectivo, personal y político.

2.1.1. ¿Un maestro ignorante?

Tengo alumnos que improvisan en lenguas que ignoro.

Jacotot (1829)

La reunión de ambos términos: "maestro" e "ignorante", impacta, sorprende, obliga a establecer nuevas relaciones entre las palabras o a disociar los componentes que constituyen una misma idea, que permanecen generalmente adosados, pegados, indistinguibles, confusos.

El discurso establecido no deja ya escuchar o pensar o mirar de nuevo. Es necesario remover los sedimentos y *hacer circular allí de nuevo la energía significante* (Badiou, 1988: 122). Circulan efectivamente así, con el maestro ignorante, otros sentidos en el discurso contemporáneo de la educación cuando la figura de Jacotot es dada a ver y su "anti-método" reavivado. Se escuchan y se dicen de otra manera, con otra fuerza e intención, palabras como igualdad, inteligencia, voluntad, emancipación. Obliga a desplegar sus sentidos para comprender de nuevo y algo nuevo desde la interrogación genuina de quien ignora.

Un maestro ignorante, un alumno y un maestro en una relación de igualdad, emancipatoria, asimétrica, paradojal. La lógica de las inferioridades y superioridades en cuestionamiento. ¿Cómo pensar en este marco el concepto de autoridad? ¿Cómo sostener la relación pedagógica misma desde estos postulados? Porque: ¿es posible enseñar y aprender en igualdad *y* con autoridad?, ¿de qué está hecha la autoridad del que enseña?, ¿qué tipo de relación entraña una transmisión?

A fin de ir respondiendo a estas preguntas tomaremos las palabras del texto y algunos de los postulados que propone, discutiremos sus significaciones y consecuencias centrándonos en la relación maestro-alumno. Una y otra vez leemos en este texto:

"todas las inteligencias son iguales"

"es posible enseñar lo que se ignora"

"no existe inteligencia allí donde existe *agregación*, atadura de un espíritu a otro espíritu"

"es el alumno el que hace al maestro"

Estas afirmaciones nos desconciertan, hablan de una relación de la que parece que sería posible prescindir. Si las inteligencias son iguales, no haría falta un maestro; si éste es ignorante, no tendría nada para enseñar; si la atadura a la inteligencia del maestro destruye la inteligencia del alumno, habría que prescindir del lugar del maestro; y si el alumno hace al maestro, es que éste no tiene existencia por sí mismo.

Sin embargo, lejos de ser este pensamiento una negación del lugar del maestro y de su autoridad, nos provoca a pensar de otro modo este lugar y a aceptar la paradoja de un tipo particular de relación: ofrecer un lazo para que pueda ser desatado, enlazarse a otro para, en el mismo movimiento, liberarse. Ser maestro sin ser amo **25** , dueño.

Diría Meirieu (1998) que se trata de la diferencia entre "fabricar al otro" y "darle nacimiento", esa compleja tarea de introducir al otro en la vida ayudándolo a construir su diferencia, a ejercer su libertad, aun cuando éstas lo alejen de quien sostuvo esta posibilidad, su maestro. Es la diferencia entre fabricar una obra que nos pertenece y nos completa, a imagen y semejanza y hacer nacer a otro/a dando lugar a lo novedoso y diferente que trae, a las distancias que despliega y las disidencias que plantea.

Sin embargo, aceptar la tensión paradojal no es resolver nuestro problema en términos de acción, nos preguntamos entonces de qué trabaja un maestro ignorante, cómo se ubica en su lugar, qué actos y gestos realiza, cómo se relaciona él mismo con su saber.

El del maestro ignorante no es un lugar vacante, no es ausencia, ni indiferencia, ni desinterés, tampoco es completa ignorancia, ni absoluto silencio. Por el contrario, el maestro ignorante "trabaja" de maestro: habla, relata, dice su pensamiento, narra su aventura, ordena actividades, propone tareas, ofrece un objeto: un libro con el que relacionar todo lo demás, se hace presente ante el alumno con su palabra, sus preguntas, su deseo, su ignorancia, su camino recorrido, sus propios interrogantes genuinamente postulados, su propia emancipación. También guarda silencio, escucha, espera, da la palabra, pide explicaciones, da tiempo cuando la voz del alumno no se escucha, la palabra no surge o es inconveniente para el trabajo en común. El maestro ignorante sostiene, fundamentalmente, un encuadre **26** de trabajo que incluye de maneras diversas: su palabra y sus silencios, una alternancia de presencias y ausencias, la continuidad de su acción y un vacío necesario para que el otro se haga presente con su pensamiento.

La autoridad queda así reformulada, reubicada, desplazada de su tradicional plano de superioridad, interrumpida la jerarquía que le ha otorgado siempre un lugar "por encima de" aunque continúa sosteniendo una asimetría fundante, propia de toda transmisión. Diferencia de lugares que se sostiene pero no eclipsa el trabajo de cada uno sobre sí mismo.

Para Rancière parecerían coexistir –en esta autoridad particular– una asimetría que se expresa en la disociación de voluntades e inteligencias y una igualdad que caracteriza a toda relación que entre seres parlantes se establezca. Este tipo de autoridad opera ella misma una disociación, la disociación que hace Jacotot entre la posición de maestro y la de sabio. Es el ejercicio de una posición frente a otro en acto pero no en tanto sabio ni por el hecho de transmitir conocimientos, ejercicio que, a su vez, otorga una legitimación particular.

El maestro ignorante enseña sin explicaciones, sin indicaciones sobre las palabras que el alumno deberá decir ni el lugar en que deben ser colocadas, sin el despliegue de la inteligencia del maestro, pero con insistencia en la necesidad de que el alumno realice su trabajo intelectual, que no descanse perezosamente en la inteligencia del maestro sino que otorgue a su propia inteligencia toda las posibilidades de desplegarse. Es esta autoridad insistente sobre el trabajo del alumno, que lo obliga a desplegarse, la que ejerce Jacotot como maestro, lo que a la vez legitima su lugar. Una autoridad que disocia voluntad e inteligencia.

En palabras de Rancière (2005) **27** : *Creo que es necesario hacer una disociación, desde el punto de vista del maestro, entre ejercicio de una autoridad y transmisión de un saber.* Esta supone una doble disociación, por un lado la relación de voluntad a voluntad y, por otro, una relación de inteligencia a inteligencia que el maestro ignorante se encarga de desactivar, desplazando su inteligencia para que no se superponga con la del alumno. Confundir transmisión de voluntad e inteligencia lleva a ejercer una autoridad que al mismo tiempo legitima una posición y legitima un sistema que obstaculiza la emancipación del alumno.

Hay así, una autoridad que se ejerce en acto a diferencia de una autoridad que se ejerce como confirmación de una posición. La autoridad no es finalmente un mandato sino la garantía que alguien da a lo que dice y a lo que hace. En general se la relaciona con la idea de un poder que se ejerce, incluso se la piensa ya sea como una posición de jerarquía ya planteada o creando una jerarquía.

Creo que hay que distinguir tipos de autoridad. Pienso que en la autoridad hay un cierto lazo entre el ejercicio y la legitimación. Es éste el corazón de la cuestión (Rancière, 2005).

El pensamiento de Rancière lleva a pensar en la reticencia de algunos alumnos "indisciplinados" que rechazan las explicaciones de los profesores y sus lugares de autoridad en la institución que representan porque lo viven como una violencia o una imposición que los minimiza y descalifica. En una conversación con alumnos que habían atravesado experiencias dentro de institutos de menores y que asistían, en ese momento, a una escuela nocturna común, éstos afirmaban que "muchos profesores 'se ponen la gorra' cuando dan clase", "te explican y te explican como si vos fueras un tonto, bah, te hacen sentir un tonto, que no valés nada".

Sin embargo, también decían esperar de sus profesores "que sepan" y "que nos expliquen hasta que entendamos". Podríamos diferenciar aquí lo que implica la explicación para diferentes maestros y las resonancias que tiene para diferentes alumnos según los modos de ejercer ese lugar de uso de la palabra y de la transmisión de conocimiento que supone la explicación.

Es posible tomar la explicación para confirmarse en un lugar de saber y al mismo tiempo para representar a una institución perteneciente a un orden social que se percibe como injusto. Pero también es posible explicar porque se ha aprendido algo en el propio recorrido por el mundo del conocimiento. Hay allí una diferencia fundamental, alguien que ha aprendido y alguien que sabe, alguien que ha hecho un camino a partir de su ignorancia hacia un saber y alguien autorizado por una posición social para ocupar una posición de sabio y de poder sobre otros. Los jóvenes que habían padecido la experiencia en el instituto de menores rechazaban, fundamentalmente, esta segunda posición de sus docentes, en la escuela, por similitud con otras autoridades (salvando las diferencias). Sus indisciplinas: molestando en clase, hablando con los compañeros, tirando papeles, haciendo chistes en voz alta, ocurrían particularmente durante los momentos de explicación de algunos docentes. Esto llevaba a que fueran retirados del aula, potenciando la actitud de rechazo de los alumnos al verse (nuevamente) segregados. Cuando llegaban a la dirección y se confeccionaba el "acta de convivencia" para ser elevada al consejo, la situación no tenía retorno. Muchos redoblaban sus actitudes de rechazo provocando sanciones más duras. Se hacía difícil detener la cascada de imposibilidades para hablar y escuchar, tanto para docentes como para alumnos. Establecer un intercambio de palabras que no fuera exclusivamente dar explicaciones moralizantes o pedir al alumno explicaciones de su mal comportamiento, podría constituir un modo de circulación de la palabra creador de otras actitudes, respetuosas del trabajo y de los otros.

Es posible pensar que la autoridad pedagógica –concebida al modo del "maestro ignorante"– reúne en su propio ejercicio un modo de acercarse al conocimiento y a la convivencia con otros. Organiza un campo de trabajo donde *enseñanza* y *convivencia* no se separan y esto se alcanza rechazando ocupar lugares de saber-poder, pero dando cuenta de su relación con el conocimiento e invitando a los otros a hacerlo. Es posible que esta actitud desarticule una actitud de oposición en muchos alumnos. ¿Por qué?

Si volvemos a nuestros primeros postulados, veremos que hay allí una marcada preocupación por enunciar y reubicar el lugar del alumno y su potencialidad en la escena pedagógica, no tanto por subrayar el lugar del maestro llenándola de contenidos:

- "todas las inteligencias son iguales": *Se refiere a 'todas' las inteligencias: la del docente, la del alumno, la del libro, la del autor, etc. Reconoce entonces, en el alumno, una inteligencia igual a la de cualquiera y la siempre presente posibilidad de desplegarla, lo arranca de su supuesto lugar de inferioridad, lo valoriza y reconoce, lo acepta y anima al trabajo, lo cree capaz de acceder a los textos por sus propios medios.*

- "es posible enseñar lo que se ignora": *Ubica al maestro nuevamente en posición de igualdad, esta vez desde su ignorancia, parece decir: "somos iguales porque ambos ignoramos", "no es tan malo ignorar" o "la ignorancia no inhabilita sino que puede provocar el deseo de saber", "estoy aquí para enseñarte pero no por ser sabio o superior".*

- "no existe inteligencia allí donde existe *agregación,* atadura de un espíritu a otro espíritu": *La inteligencia del alumno no se despliega si otra inteligencia la aplasta, por tanto, es necesario dejarla sola y a la vez sostenerla, no atarla a otra confiando en su potencia, la aventura de conocer y aprender solo se puede llevar a cabo por uno mismo, introduciéndose en ese "bosque de signos" para hacer los caminos y encontrar la salida por los propios medios, en ello consiste la emancipación.* **28**

- "es el alumno el que hace al maestro": *El alumno no es interrogado para ser instruido sino para instruir al maestro acerca de su pensamiento, el maestro va armando sus acciones a partir de lo que el alumno ensaya, intenta, esboza, escribe, dice, improvisa. Es indispensable reconocer al alumno (mirar, aceptar, hacer lugar para que se desplieguen sus diferencias) en este trabajo. Este lugar lo valoriza nuevamente, lo habilita en su subjetividad, le otorga un poder compartido con el maestro.*

Comprendemos entonces que para reformular el lugar de autoridad en este sentido es necesario abrir un espacio diferente al lugar del alumno sin negar el del maestro, trabajarlo, construirlo en conjunto, instituir un modo participativo de su pensamiento, a partir de la relación que se establece. Nos alejamos en este punto de otras propuestas, basadas en la psicología de un supuesto "desarrollo natural" o en la pedagogía de los "intereses" de niños o jóvenes. No se trata de acomodarse a las características evolutivas de un desarrollo psicológico que se supone que se irá dando solo o de retomar en la enseñanza únicamente aquello que los niños o jóvenes demandan como valioso. El lugar del adulto no puede resignarse, la transmisión no puede abandonar los contenidos culturales heredados, la historia transcurrida, el origen común. La voz del maestro no debe extinguirse y, sobre todo en estos tiempos, su desafío es sostenerla para sostener la de otros. Sólo se trata de volver a habitar la escena de otro modo, compartiendo espacio, diferenciando lugares.

Revisemos desde dónde, como lo propone el maestro ignorante, un maestro puede ubicarse de otro modo.

2.1.2. Autoridad: un modo de pensar y actuar, una relación con uno mismo. Aperturas hacia lo político

> *Para emancipar a otros hay que estar uno mismo emancipado. Hay que conocerse a uno mismo como viajero del espíritu, semejante a todos los demás viajeros (...)*
>
> *Se puede enseñar lo que se ignora si se emancipa al alumno.*
>
> **Rancière** (2003: 25)

Vamos perfilando así un modo de pensar y actuar que es el de la autoridad del maestro ignorante, la que por haber trabajado consigo misma pone en marcha un trabajo en los otros, la que no quiere tener razón, la igual a los otros, la que busca.

Los únicos insensatos son los que tienden a la desigualdad y a la dominación, los que quieren tener razón. La razón empieza allí donde cesan los discursos ordenados con el objetivo de tener razón, allí donde se reconoce la igualdad: no una igualdad decretada por la ley o por la fuerza, no una igualdad recibida pasivamente, sino una igualdad en acto, comprobada a cada paso por estos caminantes que, en su atención constante a ellos mismos y en su revolución sin fin en torno a la verdad, encuentran las frases apropiadas para hacerse comprender por los otros (Rancière, 2003: 97)

Hay un sentido escandaloso, político, en afirmar la ignorancia de un maestro, dado que el maestro ignorante es quien se niega al juego de la explicación que perpetúa la desigualdad *oponiendo el acto desnudo de la emancipación intelectual a la mecánica de la sociedad y de la institución progresivas* (Rancière, 2004). Lo escandaloso de lo político implica que éste es del orden de un acontecimiento que rechaza el orden habitual; es escandaloso porque da a ver lo que no se ve generalmente, pone en suspenso lo que venía siendo y provoca otra cosa, coloca al sujeto en otra posición, lo arranca de un imposible, pone en marcha procesos inéditos. En lugar de anularse la autoridad en la relación pedagógica con un maestro ignorante, se desplaza hacia la relación maestro-alumno en sí misma constituyendo un acto emancipatorio que funda al sujeto en su camino de emancipación.

Recordemos a los jóvenes que valoraban la autoridad de la profesora que los ponía a trabajar junto con ella, que hacía de su autoridad una relación en torno a la tarea y la palabra de sus alumnos o los alumnos-trabajadores que, en la escuela nocturna, podían considerarse a sí mismos habilitados para acceder a mundos literarios, artísticos, científicos porque sus docentes allí los conducían. Así, abrir en el terreno educativo un espacio de interrupción de la lógica desigualitaria en lo educativo e institucional, es ejercer una autoridad en otro sentido, fundamentalmente político, reconocedora de derechos, a contramano de lo que ocurre en la sociedad.

Siguiendo el pensamiento de Rancière, podríamos sospechar que una autoridad en un sentido político es un lugar paradójico donde se niega a sí misma una posición de superioridad con respecto a otro "inferior", anula una lógica de órdenes y obediencias donde inscribir el ejercicio de su función, promueve un incesante corrimiento del propio lugar de autoridad, a la vez que la sostiene. No es una posición simple o cómoda, requiere volver a mirar una y otra vez, negarse a admitir lo que parece obvio, abandonar la impotencia y la melancolía, para asumir una responsabilidad que se debe, ante todo, a niños y adolescentes.

A menudo escuchamos hoy que son ellos quienes no quieren aprender, que nada les interesa, que buscan el "facilismo" de las nuevas tecnologías o la huida a través de la apatía, el consumo, la droga, etc. Se dice que tienen muchos problemas, que no saben convivir con otros, que no cuentan con normas de conducta o con deseos de esforzarse. Sin embargo, no se pregunta qué ocurre con aquello que autoriza a alguien a desear aprender y producir movimientos en ese sentido, no se pregunta por lo nuevo y diferente que nos demandan estos niños y jóvenes hoy, en tanto autoridad pedagógica. Es posible que ese algo sea una "autorización" distinta de la que imaginábamos, es decir, una palabra otorgada y asumida por el que aprende en el sentido de apropiarse de sus posibilidades de aprender en el marco de una relación de igualdad con su maestro.

Son ejemplo de esta apertura a lo novedoso de la transmisión, las numerosas situaciones en que alumnos o alumnas considerados "incapaces para la palabra", inhabilitados para hablar, escribir, expresar su pensamiento (por una supuesta falta de inteligencia individual o por provenir de familias en contextos de pobreza o por no contar con normas de conducta adecuadas), muestran todo lo contrario cuando se los valoriza y ubica —de antemano— en un lugar de posibilidad, cuando se apuesta a su potencia intelectual y lingüística, literaria, artística, de convivencia democrática con pares y adultos.

En este sentido, es claro que los tiempos que vivimos, marcados por extremas desigualdades, colocan a muchos niños y jóvenes en problemas y los someten a situaciones dificultosas a menudo sin salida. Sin embargo, con mucha frecuencia todo el análisis parece quedar en la peligrosidad depositada en sus "identidades" violentas o en la incapacidad de sus retrasos personales. Poco se considera la necesidad de desarrollar "otra" autoridad posible, una autoridad política en acto **29** . Esa autoridad que sostiene una relación particular con el conocimiento, que detiene la regresión explicadora actualizando la igualdad como no explicación continua de lo que el otro no sabe o no puede **30** , en un modo de relación caracterizado por la confianza. Esa confianza que Cornu concibió, a su vez, con un sentido político. Confianza que libera al otro, que le otorga capacidad de acción porque se alienta a que actúe según su voluntad en un encuadre de trabajo y no que responda de acuerdo a lo ya previsto. En este sentido, si ser autoridad es ser garante, *el que se encuentra en el lugar de la autoridad es precisamente el que promete y verifica la igualdad (...), es el que asume un riesgo, una decisión de no considerar al otro como una amenaza, el que le da un porvenir y un espacio*, afirma Vermeren (2002: 146-147).

Estas palabras resuenan fuertes en nuestros contextos sociales y escolares, en este siglo XXI que recién comienza y agudiza terribles injusticias para muchos, niños y adolescentes que son mirados con desconfianza, confirmando así un círculo de impotencia y exclusión. En torno a las miradas de sospecha, relata Kantor esta situación: *Un grupo de educadores y funcionarios responsables de la educación secundaria discute acerca de las claves para definir propuestas convocantes para los jóvenes en ámbitos escolares y extraescolares. El intercambio deriva en lo mal que están los jóvenes hoy, "tan mal y se han vuelto tan peligrosos que cuando veo venir un grupo de pibes por mi vereda, yo directamente cruzo la calle, ¿para qué correr riesgos?" Todos comprenden y asienten, algunos declaran –por lo bajo– compartir la estrategia de autodefensa* (2005: 2).

Una sociedad ya injusta al marginarlos, los ha transformado en sus enemigos, niños y jóvenes que se viven amenazantes por su violencia o inhabilitados por sus incapacidades, niñas y jóvenes madres que pierden rápidamente su tiempo de infancia y entonces su derecho a la educación y a elegir su proyecto de vida. No se advierte, en un sentido general, un "hacerse cargo" social, institucional, adulto que perciba que esos y esas, todos "sus" niños, niñas y jóvenes son su responsabilidad, el sentido de sus instituciones y sus acciones.

Desarmar este círculo de impotencia y marginación es tarea de los adultos dedicados a la educación, como trabajo colectivo, como apuesta conjunta entre adultos que se arriesgan a su interrupción. Recordamos, en cambio, el "círculo de la potencia" jacotista, iniciado por la propia potencia del maestro ignorante que se actualiza cuando ofrece su lugar al alumno. Hay un "círculo de la potencia" que se opone al círculo explicador de la impotencia, cuenta Rancière (2003) y relata que la época jacotista contaba con todo tipo de "hombres de buena voluntad": los que querían elevar al pueblo por encima de sus apetitos brutales, los revolucionarios que querían promover la conciencia de los derechos del pueblo, los progresistas que pretendían acercar la distancia entre sabios e ignorantes, los industriales que apostaban a la promoción social. Sin embargo, todos encontraban serias trabas a sus buenas intenciones ya que los tiempos y los espacios de los hombres de pueblo no podían disponerse ni organizarse de manera que la ciencia, el saber y la instrucción los alcanzara con facilidad. Los progresistas contaban con "métodos de enseñanza mutua" que reunían a alumnos avanzados, los monitores, con otros menos avanzados, a fin de repartir el conocimiento desde los más sabios a los ignorantes, explicando de "arriba hacia abajo". Jacotot desconfiaba de estos métodos por considerarlos *adiestramientos perfeccionados*, donde siempre prevalece una superioridad intelectual que se impone sobre otros, los inferiores.

El descubrimiento jacotista de enseñar lo que se ignora ofrece un cambio, una opción disruptiva, apostando a la creencia del maestro en la potencia de sus alumnos y obligándolos a actualizarla, confirmando la igualdad de las inteligencias de cualquiera con cualquiera. Igualdad sustentada en una forma particular de pensar la inteligencia y el trabajo intelectual, hablando los conocimientos como lenguas, improvisando discursos, escribiendo como escritores.

El círculo de la emancipación debe comenzarse, el de la impotencia está por todos lados, no hay que ir lejos para constatarlo y escuchar su palabra gastada. El maestro emancipado reconoce en sí mismo el recorrido que lo ha llevado a aprender sin explicaciones, allí donde descubrió por sí solo su afán por conocer, sabe de su aventura y aspira a que sus alumnos hagan la propia. El método es el más simple de todos, es recorrer la experiencia cotidiana y comparar lo que se sabe con lo que se ignora, recurrir al libro y relacionarla con él. Dejará al alumno solo con su experiencia y con su libro, le transmitirá su voluntad pero no su inteligencia o su saber.

Dará un paso al costado para acompañar mejor, no dejará que su explicación lo atonte, no permitirá que la pereza lo gane.

Su trabajo es político, desde sí mismo hacia los otros, hacia cada otro u otra en su singularidad. Hace el esfuerzo de reunir espacios sociales y de saberes muy diversos, lo cotidiano con lo académico, lo próximo con lo distante, la escritura con la voz.

Analizaremos a continuación de dónde surge esta enseñanza particular y por qué llama la atención del filósofo preocupado por la igualdad y por la posición del intelectual en su medio social.

2.1.3. Las fuentes de inspiración para Rancière: Jacotot. La cuestión del autodidactismo en las clases pobres y la ruptura del ciclo de las noches y los días

Se emancipa aquel para el cual cualquier cosa puede constituirse en escritura, y cualquier escritura en libro de escuela.

Rancière (1985: 38)

Rancière encuentra en Jacotot un "hombre de ciencia" del siglo de la Ilustración que se instala en la frontera entre *espacios de sabios y espacios populares* (1985: 36) ya que para él, el filósofo contemporáneo, se trata de interrogar la distancia entre la figura del intelectual, del sabio o del filósofo y las prácticas sociales. Una distancia que separa y jerarquiza inteligencias e instala formas de desigualdad a través de lo que ciertas partes de la sociedad pueden decir y hacer con valor de verdad en relación a otras partes de la sociedad cuya palabra no "dice" nada y cuyas actividades son consideradas inferiores o sin valor.

Es así como Rancière encuentra, en el trayecto socialista de los años 1830 a 1850, una multiplicación de encuentros de hombres y de ideas, ya sea en instituciones más o menos reconocidas (Sociedad para la instrucción elemental, asociación politécnica, Sociedad de Métodos, etc.) o bien en torno a teóricos excéntricos, pedagogos, médicos, gramáticos que sostienen una forma particular de autoridad y de saber, en un sentido emancipatorio. *A través de estos encuentros de proletarios semi-sabios y de sabios semi-proletarios, la idea de emancipación se forma entre dos polos: el de una teoría de la lengua y el de una ciencia de la vida. La primera concierne a la nominación del proletario como actor social, la segunda define el espacio de su actividad. La idea de emancipación pasa por ciertas formas de apropiación populares del universo intelectual o –si se quiere– por una cierta idea de la ciencia, respondiendo a una doble exigencia: la constitución de un "cuidado de sí mismo" plebeyo que es al mismo tiempo una idea de las solidaridad de los seres* (1985: 39).

Vuelve aquí la idea de "cuidado de sí mismo" foucaultiana **31**, como forma de relación con uno mismo que inaugura no sólo el cuidado de sí sino de los otros en un vínculo solidario, dos aspectos que lejos de contraponerse se asocian, se interrelacionan, se nutren mutuamente.

Cuidado de sí mismo y solidaridad, entre uno y los otros, actos emancipatorios individuales que harán lugar a la emancipación de los otros. Pero para ello es necesario posicionarse en un cierto lugar de posibilidad y habilitación, de igualdad e ignorancia, de imprevisibilidad y trabajo. Lugar extraño, poco habitual, que Rancière encuentra en la figura de Jacotot y despliega en la figura de un maestro ignorante. Pero no sólo en él.

La autoridad, generadora de procesos emancipatorios, implica que es posible ejercer una ruptura cuando lo cotidiano de la imposibilidad se instala: el orden desigual afirma que hay quienes nacieron para pensar, saber y poder y quienes nacieron para trabajar con sus manos y cuya palabra no tiene lugar, no cuenta. En un "orden natural" se piensa que algunos están destinados al trabajo manual y otros, al pensamiento y esto es inamovible. En el mundo de los trabajadores se trataría de vivir para trabajar, dormir para reponer el cansancio y volver a trabajar al día siguiente. Rancière encuentra en los archivos de los movimientos obreros que la ruptura del ciclo de los días y las noches constituyó un acto político de "autorización" intelectual y de la palabra que los obreros ejercieron sobre ellos mismos para habilitarse de otro modo y hacerse contar en el orden social.

Es así que, en la escritura de otro de sus libros, *La nuit des prolétaires* (1981), Rancière descubre que una nueva disposición de esos espacios y tiempos proletarios era capaz de producir otros sujetos en los sujetos dedicados al trabajo, sujetos emancipados por la ruptura del ciclo de días y noches proletarias, del círculo de actividades destinadas únicamente a trabajar y reparar el cansancio del trabajo. Así inicia *La noche de los proletarios*: *El tema de este libro es ante todo la historia de esas noches arrancadas a la sucesión normal del trabajo y del reposo: interrupción imperceptible, inofensiva, se diría, del curso normal de las cosas, donde se prepara, se sueña, se vive ya lo imposible: la suspensión de la ancestral jerarquía que subordina a los que están destinados a trabajar con sus manos a aquellos que han recibido el privilegio del pensamiento. Noches de estudio, noches de entusiasmo. (...) para aprender, soñar, discutir o escribir* (1981: 8).

En el momento en que escribía este texto, su preocupación central: la igualdad, cobra una dimensión fundamental en el debate contemporáneo francés en torno a la educación. En una entrevista realizada por Vermeren, Cornu y Benvenuto (2003), Ranciére retoma ese punto de partida en que los textos encontrados hablaban de ese niño obrero, Louis Vincard, cuya madre había conducido por los caminos de la lectura. No sería extraño, afirma Rancière, encontrarse con padres que enseñan a leer y escribir, lo que resulta curioso es que esta madre "casi iletrada" enseña lo que no sabe, se coloca en el lugar de una maestra capaz de habilitar en su hijo el deseo de conocimiento. Una madre que, sin saberlo, aplica el anti-método jacotista que promete, por intermediación de un libro cualquiera, *el medio de instruirse solo y en consecuencia el de enseñar a los otros lo que se ignora, según el principio de la igualdad intelectual* (1841: 4) **32**. Es también la experiencia del hijo del tipógrafo Oreit, quien es conducido por su madre ante el mismísimo Jacotot ya que, habiendo aprendido a leer solo, se desesperaba por su imposibilidad de escribir versos y reclamaba que se le enseñara. Al preguntar Jacotot por aquello que deseaba aprender, el niño de siete años le responde: *todo*, encarnando así el principio fundamental de la Enseñanza Universal: *aprender algo y relacionar con eso todo lo demás.*

Es este principio –el de la relación entre el todo del conocimiento y las diversas maneras del acto del conocer– el que toca el corazón de las experiencias de los obreros y artesanos recabadas por Rancière en *La nuit des prolétaires*, quienes azarosamente descubren fragmentos de escrituras, trozos de ciencia, formas de un saber desde sus vidas cotidianas que, a su vez, los alejan de sus rutinas de trabajo y sacrificio. Es el principio jacotista del aprender el que habla de una genuina experiencia del conocer, la que se abre paso en medio de un mundo infantil o adulto signado por la repetición y el trabajo esforzado. Es *ese suplemento de infancia que rechaza lo doméstico, entre la edad de la inconciencia y la del servicio; ese tiempo perdido en el que el placer es menos el de jugar que el de errar solitario, de soñar o de aprender* (1981: 61). Espacio de placer y aprendizaje, espacio único y novedoso, disrupción que revela un mundo diferente, entre la vida y la escritura.

Algunos testimonios de hijos de obreros de la época, citados en *La nuit des prolétaires*, hablan de ese espacio mágico de la apertura al mundo de las palabras.

Convinimos que mi madre me reservaba las bolsas que servían de embalaje para los granos alimenticios que ella compraba. ¡Ah! ¡Qué impulso tenía cuando por la noche, al volver a casa, exploraba esos tesoros ofrecidos como pedazos de discurso, como restos de libros! 33

Yo no conocí las alegrías de la infancia y los juegos de la primera edad. Desde que supe leer, la lectura se volvió mi única ocupación, el encanto de todos mis instantes. Experimentaba un vago deseo de conocerlo todo, de saberlo todo. (...) Demasiado joven aún para apreciar mi posición social, era feliz. El futuro me parecía brillante y lleno de gracia. Me veía rica en tesoros de la ciencia. 34

Es en el Hospicio de los Niños Encontrados que el pequeño Savoyano encontrará enseguida, con el pan asegurado y una cama propia, la posibilidad de aprender a leer y escribir. Una vez adquiridos estos rudimentos, se evadirá para ir a rebuscar al azar de las rutas los elementos de geografía, de latín y de historia romana que le faltan a su cultura clásica. **35**

Otras épocas, otros sujetos, otros escenarios sociales. Los relatos invitan, sin embargo, a trazar similitudes con algunas condiciones precarias actuales, a señalar las enormes diferencias, a pensar en los sujetos y su deseo más allá de las épocas. Espacios de aprendizaje en lugares que no son aulas escolares y con "enciclopedias" poco habituales, entre las cuatro paredes del hogar, en un hospicio, en las rutas, en la naturaleza. Tiempos robados a los horarios cotidianos. Sueños que irrumpen y desarticulan la sutil y cotidiana maquinaria social y familiar, que desoyen métodos de enseñanza y aprendizaje de la época, que construyen el sentido de la experiencia de aprender por fuera de los círculos explicadores y de las instituciones que trabajan en pos de la igualdad, produciendo desigualdad. Tal vez una anécdota histórica. Tal vez una invitación a seguir pensando, a partir de aquí, nuestra época.

2.1.4. Acerca de traducciones y experiencias con la palabra: el anti-método jacotista

Podría decirse que hoy, entre nosotros, Jacotot no estaría de moda. No ofrece respuestas claras a nuestros problemas, no describe técnicas rápidamente aplicables ni métodos exitosos que expliquen cómo mejorar la enseñanza. Sólo habla de una experiencia a realizar, de una posición filosófica a sostener y de un axioma a verificar...

En numerosas ocasiones, cuando docentes, profesionales, especialistas, reflexionamos sobre la cuestión educativa, sobre aquello que generaría mejores formas de enseñar y, en consecuencia, mejores aprendizajes, la pregunta se convierte en la pregunta por el método. Se trataría ilusoriamente de encontrar mejores métodos y técnicas, más adecuados, más acordes a los alumnos –niños o jóvenes– de hoy, incluso de saber enseñar a aquellos que provienen de contextos de pobreza (como si fuera un rasgo que requiere conocimientos específicos), de estar a la altura de sus intereses, de retomar las "ideas previas" con las que han construido su saber fuera de la escuela, hasta el momento, generalmente para corregirlas. Se trataría de "aggiornar" las actividades de enseñanza, de estimular el interés, de secuenciar actividades atractivas, de saber hacer las preguntas justas para obtener las buenas respuestas. Se trataría de saber corregir veladamente, sin violencia, los conocimientos "erróneos" con que los alumnos llegan a la escuela. Didácticas especiales, psicologías aplicadas, psicodidácticas, metodologías innovadoras, pedagogías activas, métodos postsocráticos que conducen firmemente de la mano a quienes se encuentran perdidos por el mundo del conocimiento –o ajenos a él–.

Veamos qué nos dice el maestro ignorante del modelo socrático. Su autor es muy crítico, oponiéndolo claramente a la propuesta jacotista. Sócrates no es para él ningún maestro ignorante, finge ignorancia para imponer, con mayor contundencia y menor resistencia por parte del alumno, su saber. Disimula igualdad. Porque sólo de eso se trata, para todo maestro de la tradición, que el alumno ceda sus falsos presupuestos, deje de saber lo que erróneamente sabía o no sabía para saber correctamente, según el modelo del maestro. Sócrates pregunta porque sabe, no porque ignora. Pregunta para mostrar que sólo su saber vale, para mostrar su superioridad. Trabaja metódicamente desde la superioridad del sabio. El esclavo de Menón así lo atestigua, no sólo se prueba que no puede aprender nada por sí mismo sino que aprende que sólo puede aprender llevado por la inteligencia superior del maestro. Paradójicamente, en el mismo momento en que aprende confirma su inferioridad, su esclavitud, su dependencia **36** .

Jacotot, por su parte, en el mismo momento en que pronuncia su axioma de la igualdad, se opone a todo método de enseñanza y propone, en cambio, perderse por los territorios nunca del todo ciertos del conocer, en el acto mismo de conocer: un anti-método que propicia la aventura, la improvisación, la osadía.

Es por esto que el aprendizaje del alumno no puede ser controlado. Un maestro sólo puede escuchar su pensamiento y confiar en él forzando cada vez el trabajo ofreciendo una "cosa en común", el libro, y esperando una oportunidad para dar testimonio con su palabra. Tenga la edad que tenga, sabiendo que niño, joven o adulto, todo ser sabe de lo humano y sus pasiones y puede hablar de ellas. Sabe y puede hablar de la soledad, de la tristeza, del valor, de la desconfianza, del coraje, del mundo, de los otros...

Un maestro sólo es tal en una relación de confianza con un alumno que responde, que piensa, que se equivoca, que va y viene con su pensamiento, en relación con las preguntas genuinas del maestro, en un vínculo de igualdad. Esta confianza es confianza en el saber sobre lo humano que habita cada pensamiento, "ni profundo ni superficial", que sólo requiere espacio y tiempo para desplegarse, que sólo demanda paciencia e ignorancia por parte del maestro para que pueda ser dicho.

Un grupo de alumnos hablaban de su entorno próximo, del barrio de la escuela, describían sus espacios más significativos: las casas, la plaza, el hospital, la cancha de fútbol, los comercios, etc. Pintaban un paisaje cotidiano, valorado, propio, amado, naturalmente habitado. Varias preguntas surgieron entonces desde la profesora: ¿cuáles son los espacios públicos entre los que ustedes describieron?, ¿cuáles los privados?, ¿qué diferencia lo público de lo privado?, ¿cómo defender lo que es propio y es de todos? Su profesora les ofreció, a la vez, textos de otros contextos y otros jóvenes que, reunidos en organizaciones barriales, intentaban trabajar por mejorar un lugar, construir un centro cultural, expresarse artísticamente, hacer oír su palabra. A partir de allí, les pidió que imaginaran en qué trabajarían ellos por su barrio, qué espacios defenderían, a dónde reclamarían. Los alumnos discutieron entre ellos libre y apasionadamente, con distintas palabras, no siempre exactas y adecuadas, acerca de la participación social, el lugar del estado, la tensión público-privado, los derechos, las relaciones de poder, etc. Habían visto, la semana anterior, *El enemigo del pueblo*, de Ibsen, encontraron similitudes, advirtieron diferencias. Se preguntaron sin acabar las respuestas.

La relación pedagógica emancipadora se establece en estos términos: la instrucción no proviene del maestro, es un trabajo del alumno efectuado desde su lugar de "igual" (dice todo el tiempo Jacotot de las más diversas formas). Lejos de pensar en un esquema "acción y reacción", un sujeto que reacciona ante la acción del maestro o bien, un alumno inerte que recibe como depósito de saberes las enseñanzas de un maestro sabio, Jacotot piensa en un sujeto diferente, que sigue sus propios caminos, piensa en otro, en un sujeto de la palabra.

"¿Qué ves?, ¿qué piensas?, ¿qué haces?", pregunta con insistencia el maestro ignorante, pero no porque retacea un saber sino porque intenta colocar así al alumno ante su propio poder intelectual, haciendo que vea todo, que piense y compare todo, que se enfrente con lo infinito del saber que no se acaba en la palabra del libro ni en la palabra de su saber magistral.

El anti-método jacotista elude las visiones simplistas del sujeto, y acepta la complejidad de los procesos psíquicos puestos en juego a la hora de aprender, un entramado de pasiones, voluntad e inteligencia que se articula durante el trabajo del conocer.

Es probable que el anti-método jacotista esté hecho del pensamiento y cuestionamiento acerca del propio lugar de maestro. En principio, está hecho de una idea acerca de lo humano que da un sentido diferente a la tarea de enseñar, una tarea ejercida desde la propia ignorancia y en el establecimiento de la igualdad.

La pregunta inquietante que propone Jacotot, entonces, a la Ilustración y a sí mismo es una pregunta por el sentido, por el qué significa enseñar y aprender, en el marco de cuál relación maestro-alumno, es una pregunta por las condiciones de lo educativo y de toda relación pedagógica. Probablemente, la misma pregunta que hoy nos hacemos ante la crisis de la institución educativa contemporánea, en otro contexto histórico-social, con nuevas y más profundas desigualdades.

Si intentáramos traducir en la actualidad, nuevamente o de otro modo, el significado de este anti-método, diríamos que se trata de una forma de desregulación del acceso al conocimiento, una forma que libera el acceso al conocimiento, que propone hablar los conocimientos como lenguas, balbuceando al comienzo, sin mediaciones científico-técnicas, sin vallas ni diques ni pasos que conduzcan "de lo simple a lo complejo", "de lo próximo a lo distante". Así lo expresa Jacotot: *Hay sólo una regla infalible: es la de hacer todas las combinaciones y no creer jamás que se ha visto todo. La Enseñaza Universal difiere en esto de todos los otros métodos en los que se cree que la instrucción viene del maestro* (1829: 8).

Es el anti-método de la palabra que circula, que se dice para tejer alrededor de aquello que no puede terminar de decirse, del hablar sabiendo que *la verdad no se dice* pero que pueden ofrecerse múltiples versiones, traducciones, intentando expresarse con veracidad si se despliega el esfuerzo por hacerlo. Esfuerzo de traducción por hacerse entender.

La veracidad permite hacer audible o visible un pensamiento, permite su manifestación por distintos medios, no es el acceso a ninguna verdad científica sino una forma de relacionarse con la verdad, una búsqueda continua que conduce el conocer.

Pienso y quiero comunicar mi pensamiento, inmediatamente mi inteligencia emplea con arte signos cualesquiera, los combina, los compone, los analiza y he aquí una expresión, una imagen. Un hecho material que será a partir de ahora para mí el retrato de un pensamiento, es decir, de un hecho inmaterial. (...) un día me encuentro con otro hombre frente a frente, repito, en su presencia, mis gestos y mis palabras y, si quiere, va a adivinarme (...) ahora bien, no se puede convenir con palabras el significado de las palabras. Uno quiere hablar, otro quiere adivinar, y eso es todo. De este concurso de voluntades resulta un pensamiento visible para dos hombres al mismo tiempo (...). Los pensamientos vuelan de un espíritu a otro sobre el ala de la palabra (2003: 85).

Así, decir, enseñar y aprender es traducir y su potencia reside en que es posible decir, enseñar y aprender de mil maneras mientras que el otro adivina de mil maneras, mientras contratraduce. El decir, entonces, siempre acierta y equivoca, traduce mal y logradamente, se acerca y se aleja de la verdad. Pensamiento, decir, voluntad, traducción, adivinar, contratraducción son operaciones de la inteligencia y de la enseñanza, difícilmente limitadas entre los bordes de un método. Es movimiento, cadencia, circularidad, danza, literatura, improvisación, acción poética. *La imposibilidad de decir la verdad, a pesar de sentirla, nos hace hablar como poetas, narrar las aventuras de nuestro espíritu y comprobar que son entendidas por otros aventureros (...)* (2003: 87).

Enseñar, entonces, es como poetizar, pintar o improvisar, hablar de las obras de los hombres, en tanto toda obra es discurso, condición para el aprendizaje. De esta manera, el anti-método no sólo recurre a la palabra, sino también al arte en general, al dibujo y la pintura como otras formas de lenguaje donde "leer y escribir" de otras maneras. Modos de emancipación, sentimientos de poder. Escribir y leer en lenguas diversas, desplegando el pensamiento.

Lejos de designar los pasos y la progresión necesaria para aprender mediante el control, el sometimiento, la obediencia ante una autoridad y su mandato, un modelo o un ideal, la enseñanza puede desplegar la capacidad traductora y creadora de la lengua, su poder emancipatorio y artístico, su posibilidad poética. Aprender es hablar los conocimientos como lenguas. En este sentido, el anti-método, por la igualdad que verifica, es en cambio, un trabajo político y ético donde prevalece el lugar de quien aprende sobre la técnica que –se supone– permite enseñarle, explicar claramente esperando que entonces, comprenda y repita. Trabajo político y ético porque se trata de hacer lugar a ese otro, reconociéndolo, habilitándolo, con su historia, sus idas y vueltas, sus ensayos, sus intentos.

2.2. El "desacuerdo" que Jacotot no pensó (o un pensamiento político en torno a la autoridad)

Quería escribir de manera política y las palabras me faltaban.
Había palabras, claro, pero no tenían que ver conmigo.

Handke (1993)

Para que la invitación produzca algún efecto de pensamiento,
es preciso que el encuentro halle su punto de desacuerdo.

Rancière (1996)

Para el pensamiento jacotista, pareciera posible un maestro ignorante, pero no un colectivo ignorante y menos aún una institución ignorante. Lo instituido y la ignorancia no pueden convivir más que por momentos y en "desacuerdo", diría Rancière. Y este desacuerdo es ya un modo de pensar la dimensión política de la educación, aspecto que Jacotot desestimó. El pedagogo es categórico en este sentido, el camino de la emancipación –y el (anti) método de la ignorancia– es individual, no colectivo ni institucional ni institucionalizable.

La ignorancia de quien enseña y la igualdad entre maestro y alumno, dos condiciones de la experiencia de aprendizaje jacotista, así como de la emancipación intelectual, no tienen un lugar para desplegarse sino muchos. No existiría la posibilidad de una escuela emancipadora, igualitaria, ni ninguna institución que pueda nombrarse como tal, sino procesos igualitarios y emancipadores atravesando de maneras diferentes las instituciones, siempre en litigio, siempre en conflicto, en tensión y contradicción. Es así como Rancière, a su vez, hace su crítica y piensa la política.

Por lo tanto, no podemos disociar el concepto de autoridad en la obra de Rancière con su manera particular de concebir la política, de la manera disruptiva y escandalosa en que ésta es pensada como desacuerdo, distorsión, litigio, diferencia, desidentificación, desorden en relación a un orden establecido donde se habilite la emergencia de procesos de subjetivación.

Para comprender su manera de criticar la autoridad y proponer una forma discordante de pensarla, será necesario introducirnos en su definición de lo específico de la política, trabajada en la contraposición de dos lógicas, la de la policía y la política, que Rancière desarrolla en su texto *El desacuerdo* (1996), donde despliega su pregunta por los modos de subjetivación que arrancan a los individuos o grupos sociales de sus condiciones de existencia habituales.

Podría decirse que esta postulación del "desacuerdo" en un sentido político es lo que no encontramos en Jacotot y su Enseñanza Universal, donde la emancipación sólo se transfiere de un individuo a otro. En cambio, algunas claves del "desacuerdo" en Rancière dan a pensar posibilidades de actualización colectivas de la igualdad donde intervendría una ruptura de la lógica de policía que es interrumpida por modos de subjetivación política.

La lógica de policía es definida en *El desacuerdo* como la actividad que organiza a los seres humanos reunidos en una comunidad ordenada en términos de funciones, lugares y títulos a asumir, cuerpos que ocupan determinados espacios y nunca otros, cuerpos que se ven y otros que no se ven, nombres y ausencia de nombres: un orden naturalizado de los lugares y los nombres. Rancière toma el concepto de policía de Foucault, en un sentido más amplio que el de la baja policía en tanto represión o control social; lo utiliza como afirma Foucault que fuera definido en los siglos XVII y XVIII, extendido a todo lo que concierne al "hombre" y su "felicidad", el "buen orden" establecido para el mejor gobierno mediante el cumplimiento de ordenanzas y leyes. Este sentido amplio del término policía no es peyorativo, es neutro, y designa esencialmente, la ley generalmente implícita, que define la parte o ausencia de parte de las partes.

Otra forma de expresarlo es la que utiliza Rancière cuando define "la partición de lo sensible" (2000). Propone allí pensar que el sistema de evidencias sensibles, aquello que percibimos del mundo social, lo que vemos y dejamos de ver habitualmente, lo que naturalizamos, supone al mismo tiempo la existencia de algo que es común a todos y los cortes, lugares y partes allí definidos. Hay entonces, al mismo tiempo, un común compartido y partes exclusivas: espacios, tiempos y formas de actividad, donde algunos participan en unas y otros en otras (unas prestigiosas, las otras subalternas). Pero hay algo antes que no pensamos habitualmente y es que hubo primero una determinación de los que allí tienen parte que deja afuera a quienes no tienen ninguna, los "sin parte". *La partición de lo sensible hace ver quién puede tener parte en el común en función de lo que hace, del tiempo y del espacio en los cuales esa actividad se ejerce. Tener tal o cual "ocupación" define así competencias o incompetencias en el común. Esto define el hecho de ser o no visible en un espacio común, dotado de una palabra común, etc.* (2000: 12 y 13).

Lo político tendría que ver con interrumpir esta lógica naturalizadora de las partes que a cada uno le tocan, este orden común que no se cuestiona, esa participación de lo sensible que divide mundos: uno del trabajo manual y otro del pensamiento. Los artesanos, decía Platón, no pueden ocuparse de las cosas comunes porque no tienen el tiempo de consagrarse a otra cosa más que a su trabajo. Ellos no pueden estar en otro lado porque el trabajo no espera. En nuestro contexto, ya no sólo se alude a la división entre seres destinados al trabajo y otros al pensamiento sino a la posibilidad misma de formar parte del mundo humano común, con condiciones de vida humana habilitantes –no de mera supervivencia–, vivienda y alimentación garantizadas, trabajo, salud, educación, recreación, etc.

No podemos dejar de pensar que más de la mitad de los niños, niñas y jóvenes de nuestro país viven en condiciones de pobreza y, por tanto, quedan ubicados en esa parte del mundo dividido en que las condiciones básicas no están garantizadas. Son los "sin parte", sin voz, sin futuro. Sin embargo, no se termina de cuestionar ese orden social injusto, ni de discutirlo para transformarlo, mediante políticas (en plural, esta vez) de la infancia, del trabajo, de la educación, de la salud, efectivamente políticas, en el sentido en que lo propone Rancière.

Para la lógica de policía o para la partición de lo sensible habitual, inferimos, la autoridad no cuestionada sería aquella función que perpetúa este orden, la que se encarga de mantenerlo, la que garantiza –a veces, sin saberlo, por repetición en acto– que cada uno ocupe el lugar que "debe" ocupar, el que ha heredado por nacimiento o por riqueza, sin moverse de él ni establecer ningún desacuerdo que introduzca movimiento, desplazamiento de los cuerpos hacia otros espacios y tiempos.

La lógica de la política supone otro proceso, el de la autoridad *en* igualdad, la que consiste en un juego de prácticas guiadas por la presuposición de la igualdad de cualquier ser parlante con cualquier ser parlante y por la preocupación de verificarla. Proponemos pensar que, en esta lógica, sólo podría concebirse la autoridad como la causa de una interrupción, la que detiene un funcionamiento del orden social de dominación naturalizado, una autoridad que funcione instalando el principio de igualdad como reconfigurante de las relaciones entre mundos distintos en la partición de lo sensible establecida.

Dice Rancière: *La política existe cuando el orden natural de la dominación es interrumpido por la institución de una parte de los que no tienen parte. Esta institución es el todo de la política como forma específica de vínculo. La misma define lo común de la comunidad como comunidad política, es decir dividida, fundada sobre una distorsión que escapa a la aritmética de los intercambios y las reparaciones. Al margen de esta institución, no hay política. No hay más que el orden de la dominación o el desorden de la revuelta* (1996: 25 y 26). Y *No hay política sino por la interrupción, la torsión primera que instituye a la política como el despliegue de una distorsión o un litigio fundamental. (...) lo que detiene la corriente (...)* (1996: 28).

Interrupción, detención, distorsión, torsión, litigio, división de lo común, partición de lo sensible inhabitual, es tal vez por esta vía del desacuerdo que un maestro ignorante –como autoridad que instituye igualdad– se posiciona, diciendo "basta" cuando se trata de interrumpir un orden de desigualdad y dominación. En este sentido, aunque parezca paradójico, la autoridad que detiene e interrumpe puede pensarse como una autoridad que habilita la continuidad de procesos de subjetivación en todos sus alumnos, en "cualquiera"; los garantiza, en lugar de confirmar sin cuestionar el orden existente.

Un maestro que no se conforma con la partición de lo sensible habitual, que discute un orden "natural" hecho de alumnos que no pueden aprender y alumnos que pueden, buenos y malos, ricos y pobres, niños y adolescentes "nacidos" para el trabajo "duro" y adolescentes destinados al pensamiento y la dirigencia, incluidos y expulsados, de "buena" y de "mala" familia, los que son "contados" y los no tenidos en cuenta...

Numerosas experiencias, de colectivos o de grupos de docentes toman posición en este sentido y desarrollan su trabajo político de educar. Cuestionan la autoridad a la que se ven sujetos y su propio ejercicio de la autoridad pensado en términos de obediencia, mandato, dominación y subordinación, superioridad e inferioridad, continuidad de un orden "armónico", policial, consensuado entre quienes dominan y quienes obedecen.

Entendemos que es ésta una apuesta colectiva, no sólo individual ni institucionalizada –en el sentido de que no puede ser instituida desde fuera, desde otro lugar que no sea el conjunto mismo de docentes y directivos que protagonizan la experiencia–. Desde fuera, desde otras instancias estatales, por ejemplo, se pueden garantizar y crear condiciones, aportar recursos, propiciar espacios de discusión, fortalecer, etc. pero sólo quienes asumen su tarea en lo cotidiano pueden crear ese carácter político de la experiencia que parte de una posición subjetiva compartida con otros.

Diferentes experiencias con las que dialogamos **37** asumen esta posición, en ocasiones abarcando a la mayor parte de sus docentes, en otras, sólo partir de un grupo que sostiene una manera diferente de enseñar, vincularse entre sí y dirigirse a alumnos y padres.

Algunas, en escuelas del sistema educativo público, otras, como iniciativas particulares desde cooperativas de padres y/o docentes, reunidos o no a partir de organizaciones políticas.

Podemos sintetizar algunas de las características que se repiten en estas experiencias en los siguientes aspectos:

- Suponen sujetos –docentes y alumnos– fuertemente implicados porque les "pasan" en la escuela muchas cosas que los tocan de cerca, se sublevan ante lo injusto que les ha tocado vivir o ante el malestar propio y el dolor de los demás y entonces empiezan a imaginar y a hacer algo distinto, por ejemplo, ante la altísima repitencia modifican el agrupamiento escolar por edades de los alumnos (escuela no graduada) promoviendo otras maneras de avanzar en los aprendizajes **38** , o generan una activa participación e implicación de los padres, o reordenan los modos de dirigirse los docentes a sus alumnos mediante instancias de discusión sobre la convivencia escolar entre unos y otros.

- Los adultos de la institución sostienen principios igualitarios, democráticos, que rigen su funcionamiento como directivos y docentes en la escuela dando sentido a sus diferentes acciones, por ejemplo, afirman que "los chicos son de todos los maestros" y "todos pueden aprender" (escuela no graduada), contradiciendo las divisiones habituales que se establecen en los formatos escolares tradicionales. A partir de allí, decisiones y acciones cotidianas asumen un sentido claro que las sostiene.

- Discuten una forma esencialista de pensar a los alumnos, rechazando categorizaciones, diagnósticos, definiciones terminadas de lo que pueden o no pueden en términos de aprendizaje y en la convivencia escolar. Se proponen trabajar, en cambio, la idea de que los aprendizajes y la posibilidad de convivir con otros en la escuela se producen en situación y sólo desde la situación pueden ser comprendidos y problematizados.

Esto significa que los problemas son de los sujetos *y* de la escuela, en relación. No sólo de los sujetos y sus familias.

- Otorgan un lugar prioritario a la palabra que circula entre adultos y niños o jóvenes, al relato, la conversación, el diálogo en paridad, la escritura individual y colectiva, la lectura, el lugar de los textos en la vida cotidiana. La palabra recorre horizontalmente los más diversos espacios escolares.

Si volvemos ahora a Jacotot y sus postulados podría pensarse que, aún cuando su apuesta emancipatoria era individual, de maestro a alumno, la ruptura propuesta tenía efectos políticos, en tanto su enseñanza instalaba el principio de igualdad entre seres parlantes como axioma.

En este sentido, la situación en la que hablan un maestro ignorante y su alumno podría ser pensada como una situación de ruptura, un modo de transmisión que no traslada objetos de uno a otro, de "arriba hacia abajo", que no transmite más que un modo de subjetivación, de apropiación de la palabra, de hacerse contar entre los que no tienen parte. Es por este motivo que la propuesta jacotista resultó escandalosa en su época y, aún hoy, puede seguir resonando con voz litigiosa. Sin embargo, no se detuvo a pensar instituciones y colectivos, espacios comunes donde educar con un sentido político. Esta es probablemente, la preocupación de nuestro tiempo.

¿Por qué no imaginar posibles colectivos de "maestros ignorantes" que produzcan igualdad en "reconfiguraciones de lo sensible" en el ámbito educativo, en escuelas que encaran de forma alternativa el fracaso escolar masivo, en experiencias escolares que promueven por parte de niños y adolescentes una apropiación de la palabra? Algo de esta posibilidad acabamos de mencionar en las experiencias citadas que producen efectos de igualdad, interrupciones de ese orden educativo desigualitario. Consideramos posible que esos "maestros ignorantes", convencidos de la "igualdad de cualquiera con cualquiera", interpongan su autoridad y obliguen, por momentos, así sea con intermitencias, a hacer escuchar la palabra de quienes no la tienen.

Jacotot pensó en la igualdad y la ignorancia del maestro, Rancière piensa en la potencia igualitaria del desacuerdo. Tal vez podamos anudar estos pensamientos en el territorio de lo educativo y replicar las experiencias de muchos maestros, profesores, profesionales, directivos, que, con audacia, ignoran una supuesta "normal desigualdad" y la discuten permanentemente proponiendo "escenas de igualdad" al modo jacotista.

El presente capítulo recorrió el pensamiento de un filósofo y un pedagogo, ellos nos permitieron poner a discutir:

- la idea de autoridad *en* igualdad: su anti-método y su lugar reformulado

- el carácter político del trabajo de educar: por la reconfiguración de lo sensible que promueve

- una determinada concepción de lo político: como descuerdo, litigio, torsión con lo que viene dado

Estas ideas incluyeron con frecuencia a otras, la de sujeto, inteligencia, voluntad y emancipación que, entendemos, conviene explicitar y profundizar. El capítulo que sigue recorrerá estas formas diferentes de cuatro conceptos que se repiten a menudo y que demandan ser problematizados para nuestro propósito de concebir nuevos modos de autoridad.

Notas

[24]. Según dice Chateubriand: *El tiempo actual, sin autoridad consagrada, se ubica ante una doble imposibilidad, la del pasado y la del porvenir* (1989: 922).

[25]. "Maître" en francés tiene esta doble significación: amo y maestro.

[26]. El encuadre no es un molde o un listado de prescripciones estrictas. Nicastro lo define como "un conjunto de constantes o invariantes que regulan,

contienen, informan, en el sentido de dar forma, la marcha de todo lo que acontece en el campo de trabajo profesional" (2006: 74).

[27]. En una entrevista no publicada, realizada en 2005, en el marco del trabajo que dio origen a este texto.

[28]. Trabajaremos acerca del concepto de inteligencia y emancipación, en profundidad, desde esta perspectiva en el capítulo 3.

[29]. No queremos significar con estas palabras que la autoridad pedagógica sea la única autoridad que deba hacerse cargo de la desigualdad social o deba revertir un orden injusto del que a su vez forma parte, pero sí que debe incluirse en el análisis de la situación educativa/escolar actual.

[30]. Pensamos aquí no sólo en las explicaciones instructivas (que explican el conocimiento) sino también en aquellas moralizantes (que explican en general, sin éxito, normas de conducta, reglamentos, códigos de convivencia, construidos por otros).

[31]. Desplegada en el capítulo anterior.

[32]. Citado en *La nuit des prolétaires*, p. 64.

[33]. *Gabriel à Louis, Fonds Gauny.* En Rancière, J. *Ibid.*, p.62.

[34]. "Profession de Foi Jeanne Deroin, Fonds Enfantin". En Rancière J. *Ibid.*, p.62.

[35]. Claude Genoux. "Mémoires d'un enfant de la Savoie", Paris, 1884. En Rancière J. *Ibid.*, p. 63.

[36]. Para profundizar el lugar de Sócrates como maestro y una lectura diferente a la de Rancière, véase Walter Kohan (2003, 2006).

[37]. En el marco del proyecto de investigación "Sujetos y políticas en educación", de la Universidad de Quilmes.

[38]. Esta experiencia fue relatada en el trabajo "Un proyecto de no gradualidad" de Baquero, Greco y docentes de la Escuela 57. En Baquero, Diker, Frigerio (comps) (2007) *Las formas de lo escolar.*

Capítulo 3
Una forma de pensar al sujeto, la inteligencia, la voluntad y la emancipación

Intentaremos hablar en una lengua contemporánea estos cuatro conceptos para comprender desde qué lugares es posible realizar un cuestionamiento a la autoridad como crítica radical a toda posición de saber. Tomaremos entonces una red de definiciones y relaciones en torno a: sujeto, inteligencia, voluntad, emancipación. Son ellos los que de diferentes maneras –según como sean pensados– dan sustento a diferentes teorías filosóficas, psicológicas, pedagógicas, sociológicas, para pensar y ejercer nuestras prácticas.

Partimos de las siguiente preguntas: ¿Qué idea de sujeto anima una crítica contemporánea a la autoridad?, ¿cómo pensar la relación de conocimiento que se establece entre el sujeto y los objetos, el mundo, la realidad, los otros, para hacer desde allí la crítica?, ¿cómo concebir la inteligencia, si se critica la idea de sujeto moderno, ese ser esencialmente racional portador de atributos?, ¿qué es la emancipación?: ¿un estado a alcanzar, objetivo último de un proceso individual y social que permite la ocupación de una posición?, ¿o bien búsqueda continua de algo que nunca se fija, que no se alcanza, que desplaza una y otra vez identidades?

3.1. De la sustancialidad a la subjetividad. El sujeto y la palabra

*¿No será esa herida, ese silencio interior, el
surco donde va a ir a depositarse la palabra
concebida, la palabra fecunda, la palabra seminal,
la palabra semilla? (...) la palabra recibida hace un
vacío vivo y, por eso, creador, fecundo. En el lleno
del saber no puede brotar nada.*

Larrosa (2003: 51)

Seguiremos aquí un recorrido por diferentes maneras de concebir al sujeto, desde el sujeto-cosa al sujeto-palabra, porque pensarlo de una u otra manera define nuestros modos de relación, entre sujetos, con el conocimiento, con la posibilidad actual de un "vivir juntos", sustenta nuevas formas de la enseñanza y de otra autoridad pedagógica, como venimos pensando.

En un sentido clásico la idea de sujeto significa *lo que está debajo, lo que es subyacente*. La Enciclopedia Filosófica Universal (1998) señala que el término designa *lo que es sometido a una autoridad, a quien se le impone una carga, una obligación*. En cambio, en el sentido moderno, el término caracteriza al *existente conciente de sí, que se designa con el pronombre personal de la primera persona del singular ("Pienso, luego existo"), que piensa pero al mismo tiempo se piensa pensando, quien se descubre a sí mismo y a los otros capaces de querer y de hacer* (1998).

La historia del concepto permite trazar la transformación de la idea de sujeto de la antigüedad a la modernidad, de la sustancialidad a la subjetividad, de una posición de subordinación a otra posición de autonomía subjetiva, siendo el mismo sujeto el que, al pensarse de otra manera, se modifica en relación a sí mismo, al mundo, a los otros, al conocimiento.

La primer cuestión que pone en evidencia la etimología es la concepción de un sujeto-cosa, pasivo, soporte de atributos, sustrato de lo que es, sometido a una autoridad que lo define. En Aristóteles, por ejemplo, designa el sustrato de las cualidades sensibles, la cosa en que se afirman las propiedades. Detrás de esta primera idea, se perfila otra que lo ubica como sustancia-soporte aunque no inerte, sino activa, causa de sus propiedades.

Será a partir de la obra cartesiana donde el sujeto, en tanto sustancia pensante, desde el momento en que puede pensarse, existe, dejando de lado otros tipos de experiencia subjetiva. El sujeto cartesiano guarda, así, el rasgo de sustancia aunque no inerte, sino activa, determinante de su existencia subjetiva, capaz de hacer posible el conocer, el decir "Yo pienso", la conciencia autónoma. Pero el sujeto cartesiano se mantendrá esencialmente como sujeto cognoscente, para quien la existencia está ligada al pensamiento y la precede.

El idealismo moderno se construirá, desde Descartes en adelante, sobre el análisis de las condiciones de posibilidad de la función del sujeto: la conciencia de sí y la conciencia de otra cosa que el sí mismo, la relación de la conciencia consigo misma, la relación entre el sujeto que conoce y el que actúa, la relación entre sustancialidad y subjetividad. En la modernidad, se asociarán así las dos ideas, de existencia y de subjetividad, y el sujeto será aquel que es y se prueba a sí mismo, se piensa a sí mismo.

Las críticas a la idea de sujeto moderno **39**, no impiden que ésta continúe operando cuando se propone pensar la cuestión de la acción y de la palabra. Por su parte, la concepción del sujeto desde el punto de vista del lenguaje, como sujeto parlante, que caracteriza los desarrollos contemporáneos, tiene como principal función subrayar la importancia de la palabra en su utilización dentro de la lengua así como en la fundación del sujeto. Sujeto y palabra se determinan mutuamente. Sin sujeto no hay lengua que funcione, ya que hace falta quien diga para que exista y, a su vez, la palabra es la actividad de todo sujeto parlante, la que lo define como tal. Decir es *acto individual de voluntad e inteligencia* afirma Saussure y en otra línea, dice Benveniste: *Es en el lenguaje que el hombre se constituye como sujeto.*

El maestro ignorante trabaja a partir de esta idea del sujeto parlante, aquel que hablando (o expresándose en forma simbólica) se instituye como tal, o bien es instituido como sujeto cuando lo es en la palabra: *ese sujeto que dice su verdad en la división y encuentra su paz en la relación* (Rancière, 2003).

Es que la palabra y la subjetivación, el acto de enunciación literaria y la subjetivación política son procesos muy próximos para el pensamiento filosófico contemporáneo. La subjetivación política, en términos de lo político para Rancière, es ese proceso que rompe un orden naturalizado, policial, hecho de palabras ya instituidas "con dueño establecido", para decir lo que no se espera escuchar, en los tiempos y espacios inhabituales. Es que el hombre posee una "naturaleza" lingüística, es un "animal político" que puede "desnaturalizar" y desviar su destino por el poder de la palabra, es un "animal literario".

¿A qué llama Rancière animal literario? Es aquel que se sale del camino y el destino normal gracias a las palabras. Las que permiten que haya historia, no simplemente las que describen, designan objetos o prescriben actos, *hay palabras que se pasean sin cuerpo, que dicen para qué deben servir y a quién están destinadas. La condición literaria del animal es ésta: interrumpir por medio de palabras que no pertenecen ya a nadie, es decir que pertenecen a todo el mundo, la naturaleza de la vida productiva y reproductiva. A partir de lo cual la partición de lo sensible puede reconfigurarse (...) Hay una comunidad de policía que hace que alguien diga por ejemplo que una mujer debe estar en su casa, un trabajador en su fábrica y así. Hay otra comunidad que está ligada a la simple igualdad de la lengua, es decir a la simple igualdad de los seres parlantes* (1995: 146-150).

Es en el maestro ignorante donde Rancière encuentra una palabra política o literaria, igualitaria, en el terreno de las relaciones pedagógicas, disruptiva y subjetivante, en Jacotot y en sus alumnos una palabra que se enfrenta al discurso de autoridad, va y viene en condiciones de igualdad instituyendo sujetos. A tal punto es la palabra la que pone en marcha estos procesos de subjetivación que Jacotot basará toda la Enseñanza Universal en ella, aunque de un modo particular, ajeno a los modos de circulación de la palabra en los medios académicos de la época.

Como mencionamos en el capítulo anterior, en primer lugar propiciará la lectura de un libro, del cual partir y alrededor del cual pensar, hablar, buscar, traducir, improvisar, etc. según el principio del "todo está en todo". En segundo lugar, de la lectura de un texto a la escritura, con las propias palabras, sobre los más diversos temas, como siendo ya escritores. Apropiación de la palabra inadmisible para la lógica del progreso y de la instrucción de los ignorantes para que haya progreso. Y luego, la improvisación, ese ejercicio esencial de la Enseñanza Universal que consistía en hablar sobre cualquier tema, ordenando un desarrollo que sólo uno mismo decide, venciendo el temor al juicio ajeno, inventando el conocimiento por la propia palabra.

Dice Jacotot: *Tan sólo se trata de aprender un lenguaje que se habla con las tijeras, una aguja y el hilo. Sólo es cuestión (en las sociedades humanas) de comprender y hablar un lenguaje* (1830: 349) y *Saber una lengua es saber todo lo que sabe un pueblo* (1830: 6). Los conocimientos se hablan, en el anti-método jacotista, como lenguas, se aprenden como lenguas maternas o extranjeras, rodeando los objetos con palabras, diciendo de mil maneras diferentes, traduciendo, contratraduciendo, adivinando y siendo adivinado por los otros. En este sentido, el acto de la palabra es acto de inteligencia y es lo que funda al sujeto. Para Rancière, no hay un sujeto anterior a la palabra sino que existe por ella.

Es la existencia la que produce el pensamiento y este sólo puede manifestarse en obras que se construyen con palabras, siempre ambiguas y arbitrarias. He aquí el sujeto que nos proponen pensar. Un sujeto que se define constituido de palabras, en las relaciones con otros, con los objetos, con "mundos" diferentes que lo hacen partícipe de la experiencia, inserto mediante palabras en contextos parlantes que no sólo enmarcan sus actividades y sus modos de ser sino que lo constituyen, lo subjetivizan, lo hacen igual a cualquier otro hombre.

Con mucha frecuencia, un alumno ya categorizado en su imposibilidad para expresarse, para decir lo que piensa o siente, para escribir su experiencia, para leer las de otros, no es interpelado por sus profesores para poner en marcha este trabajo de la palabra que subjetiviza.

Un grupo de docentes que elaboraban una revista escolar afirmaban: "tenemos que trabajar nosotros, escribiendo todo, estos chicos no pueden expresarse, y si lo hacen tienen vergüenza frente a sus compañeros, vienen de hogares donde no se acostumbra a hablar o escribir. Son incapaces de escribir. Es imposible que colaboren con la revista". Desde su concepción de la imposibilidad de la palabra en los alumnos, dejaban de poner en marcha un trabajo que, aún cuando no hubiera sido hecho antes –en las familias, por ejemplo–, podría haber tenido lugar en la escuela, como lo atestiguan otras experiencias de escuelas en el mismo contexto.

Las relaciones entre la concepción de sujeto, de inteligencia y voluntad darán lugar a otra serie de reflexiones sobre el sujeto mismo no categorizado ni etiquetado de antemano. Si se comprende que todo sujeto puede definirse a sí mismo en una relación de palabra y se confía en su potencia, se le hace lugar como un igual en relación a otros, a cualquier otro, condición de todo proceso emancipatorio. Numerosas iniciativas lo confirman, los "noveles escritores" y sus poesías, los jóvenes que escribían sobre su lugar textos diversos y sorprendentes, aquellos que no dejaban de leer – ya avanzada la escuela secundaria, en cuarto año– su primer libro y no abandonaban el aula, incluso en los recreos, ante la sorpresa de su docente.

Continuaremos abordando en conjunto una determinada vinculación teórica entre los conceptos de sujeto, voluntad, inteligencia y emancipación, en la cual el análisis y reconocimiento de cada uno dará lugar al análisis y reconocimiento de los otros.

3.2. Acerca de la voluntad

En la actualidad, no escuchamos con frecuencia hablar de voluntad, pero sí acerca de la "falta de voluntad" –no sólo en jóvenes, también en adultos– en las escuelas y en otros contextos. O no escuchamos pero percibimos la apatía, la falta de ganas de encarar el trabajo, de buscar, de empezar de nuevo, de insistir en el intento. Se dice a menudo: "Ellos no quieren, no se esfuerzan, todo les viene dado", "la nueva tecnología les resuelve todo, todo es internet, 'cortar y pegar', el zapping, los videojuegos", "sólo buscan la fácil", "en nuestra época había que ir a la biblioteca, leer varios libros, escribir a mano, hasta los juegos eran más difíciles...", "nos exigían y teníamos que responder, ahora todo se les facilita... con tal de que no se vayan de la escuela..."

Voluntad no es, por otra parte, una palabra que sea hoy de uso común en los textos que frecuentamos sobre psicología o educación, ha caído en desuso o ha perdido su capacidad simbólica de nombrar un proceso vinculado a la inteligencia, al sujeto, a la subjetividad, tal vez por confundirse con el "voluntarismo".

Los tiempos actuales, como decíamos al comienzo, marcados por la in-significancia, parecen no apelar a las voluntades –menos aún al conjunto de voluntades– sino a imposiciones externas, que no se advierten como tales, y que dirigen las acciones de las mayorías. Se impone lo útil, lo fácil, lo rápido, lo que está cerca, lo cómodo, lo que se mide, lo que da ganancia, lo que permite obtener buenos resultados a corto plazo... En muchos niños y jóvenes este mandato aparece en el extremo, dejándolos fuera de la posibilidad de hacer un esfuerzo y haciendo reaccionar a los adultos, quienes, sin embargo, padecemos de lo mismo. Sin un trabajo a contramano que contradiga esta tendencia, esto es lo socialmente válido que prevalece y que ellos retoman, espontáneamente.

Tener voluntad, ser voluntarioso/a, hacer que otro tenga voluntad, apelar a la buena voluntad del conjunto, no parecen ser consignas actuales, creíbles, desde donde se nos convoque. En las instituciones, a menudo, se impone para jóvenes y adultos, un "deber ser" vacío de sentidos y que genera, en cambio, apatía ante lo no deseado, lo que no tiene sentido, lo vivido como ajeno, imposible o intransformable.

Veamos qué nos proponen el filósofo y su pedagogo: *El hombre es una voluntad servida por una inteligencia*, afirma Rancière a la par de Jacotot. *(...) la voluntad encuentra su racionalidad en este esfuerzo de cada uno sobre sí mismo, en esta autodeterminación del espíritu como actividad. La inteligencia es así, atención y búsqueda, antes de ser combinación de ideas. La voluntad es potencia de movimiento (...). A ese sujeto pensante que sólo se conocía como tal sustrayéndose de todo sentido y de todo cuerpo, se opondrá este sujeto pensante nuevo que se prueba en la acción que ejerce tanto sobre sí mismo como sobre los cuerpos. (...) Esta voluntad soy yo, es mi alma, es mi potencia, es mi facultad. Siento esta voluntad, está presente en mí, ella es yo mismo (...)* (2003: 74-75).

El sujeto es así, voluntad entendida como alma, potencia, acción, "yo" en acto que se prueba a sí mismo, una y otra vez en medio de situaciones. No habría un sujeto previo a esa acción con una inteligencia ya definida, determinada por su biología o su procedencia social. *Tengo ideas cuando quiero, ordeno a mi inteligencia buscarlas, tantear. La mano y la inteligencia son esclavas a las que cada uno dicta sus funciones. El hombre es una voluntad servida por una inteligencia* y por tanto, *Es el defecto de la voluntad lo que hace errar a la inteligencia* (2003: 75). Esta última se juega en la existencia misma, en su despliegue en acto, en las acciones de un sujeto parlante que no posee, de antemano a la acción, ni mayor ni menor inteligencia que otros.

La noción de voluntad que puede leerse en la obra jacotista supone este cuestionamiento a una idea de sujeto pura conciencia desvinculado en su pensamiento del mundo corpóreo-material, ajeno a las cosas y a los cuerpos, al sentido y al cuerpo. En cambio, se sumerge así al sujeto pensante en la acción y se antepone voluntad a inteligencia: ésta no es causa sino efecto de algo previo, deviene al cabo de la realización de un trabajo, se materializa en búsquedas, comparaciones, diálogos, improvisaciones, palabras. El propio pensamiento se dice con una única condición: la voluntad de dirigirse a otros y de recibir las palabras de otro. Como dijimos, este esfuerzo por adivinar lo que nos dicen y hacernos adivinar por otros es lo que hace al sujeto, no una capacidad ya determinada. *La voluntad de comunicar, la voluntad de adivinar lo que el otro ha pensado y que nada, fuera de su relato, garantiza, y que ningún diccionario universal dice cómo debe ser comprendido. La voluntad adivina a la voluntad. Los pensamientos vuelan de un espíritu a otro sobre el ala de la palabra* (2003: 85). *Así, la palabra se llena o se vacía, según la voluntad, obliga o afloja el funcionamiento de la inteligencia. El significado es obra de la voluntad. Y ahí está el secreto de la enseñanza universal* (2003: 76).

Comprender lo que implica la voluntad, esa posibilidad poderosa de ejercer la inteligencia, de ofrecer significados, de igualar inteligencias, de producir la propia emancipación, tal vez se traduzca en una manera diferente de vincularnos con aquellos de quienes esperamos que "sean" inteligentes. Es posible que adivinemos lo que este concepto pasado de moda tiene que ver con la creación de sentidos, con la manera de mirarnos, reconocernos e identificarnos con otros.

Por voluntad entendemos esta vuelta sobre sí del ser racional que se conoce actuando. El ser racional es ante todo un ser que conoce su potencia (...) No puedo es así una frase de olvido de sí mismo (2003: 77-78). De tal manera, estar en el error, estar lejos de la verdad no es estar lejos o no ver algo externo al sujeto mismo, sino que es ser infiel a uno mismo, desestimar las propias posibilidades, caer en la pereza, en el olvido de sí; hace falta conocerse a uno mismo –no de un modo intelectual, por fuera de sí– volviendo a uno mismo, a aquello que en uno no engaña, para colocarse en el centro de la experiencia emancipadora. Es éste el lugar central que Jacotot le otorga a la voluntad como causa de movimiento y apertura subjetiva.

En este sentido, los profesores que organizaban la revista escolar –en el ejemplo anterior– pero que no convocaban a sus alumnos a escribir por saber ya de antemano sobre su incapacidad para hacerlo, desestimaban este juego de la voluntad y la inteligencia. La categorización de sus alumnos frenaba el trabajo por hacer: proponer diferentes posibilidades para expresarse por fuera de las exigencias en las materias, sugerir los temas y secciones de la revista, preguntar intereses, dejar hacer (escribir, buscar temas) en unos primeros intentos –ensayos tal vez fallidos– acompañar la reescritura, proponer para los más interesados talleres de escritura, entre otras posibilidades. La voluntad existente en algunos de los alumnos podría entramarse, de este modo, en medio de situaciones, de alternativas, de búsquedas que el adulto ofrece y "hace crecer".

Así, la conceptualización de la voluntad no puede ser hecha en pocas palabras, remitida a un solo concepto sinónimo o de sentido similar, sino que entraña diversos procesos en torno al deseo, la representación y la acción humanas, que involucran a su vez, aspectos del sentir y del pensar, del discernir y del actuar, no a uno solo, sino al sujeto en relación con otros, en situaciones diversas.

Su complejidad es lo que, probablemente, va a hacer decir a Jacotot que la voluntad no se enseña, ni el espíritu, entendido como principio de la vida psíquica, tanto afectiva como intelectual. Jacotot ubica claramente el lugar de la voluntad como el punto de apoyo desde donde la inteligencia puede actuar, desplegarse, actualizarse en igualdad con cualquier otra. *La dificultad está allí, pero sólo allí: todos tenemos la inteligencia necesaria pero hace falta que tengamos la voluntad* (2003: 40), la que no se enseña, la que se transmite de maestro a alumno más allá de las explicaciones como actitud de autoafirmación, poder de conocer, relación de búsqueda con la verdad. Nadie puede afirmar que dice la verdad pero tampoco que nada sabe de ella. Se establece así una relación del sujeto con la verdad, de búsqueda y tanteo, lo que lo lanza como buscador, perpetuo movimiento de reconstrucción del saber, experiencia emancipadora.

Es en este sentido que se formula en el maestro ignorante, el "círculo de la potencia", ya mencionado: el lugar donde la inteligencia del alumno es encerrada por el maestro en su propia órbita, lugar de donde sólo se sale por ella misma, ejerciendo la propia inteligencia, a través de la voluntad de salir, de emanciparse. Es esta manera de pensar la inteligencia la que abordaremos a continuación.

3.3. "La inteligencia no existe" o la pregunta por la inteligencia **40**

> *El libro es la fuga bloqueada. No se sabe qué rumbo tomará el alumno. Pero se sabe de don-de no saldrá, del ejercicio de su libertad.*
>
> **Rancière** (2003: 36)

Este concepto no deja de circular hoy en la escuela y en otros contextos de manera fuerte y con consecuencias decisivas. Como afirma Baquero, la pregunta por la inteligencia es una pregunta que se abre en muchas direcciones, pregunta "por el objeto, la diferencia y el origen" (1997: 18). Supone la reflexión filosófica por la subjetividad humana, la inteligibilidad del mundo y a la par, instituye un conjunto de prácticas en el terreno de la salud y la educación que define a los sujetos. Es decir, concebir la inteligencia tiene efectos prácticos de diferenciación y categorización de sujetos, ubicación en grillas, diagnósticos y espacios educativos "adecuados" para cada categoría, definiendo un destino escolar y vital, a partir de un supuesto rasgo individual subjetivo.

Las prácticas psicológicas y psiquiátricas, desde fines del siglo XIX, y la presencia de una epistemología evolucionista produjeron *una naturalización de la concepción de sujeto y desarrollo derivando en buena medida en concepciones sustancialistas acerca del sujeto y en prácticas médico-clínicas poco atentas al carácter situacional de los procesos de constitución subjetiva* (Baquero, 1997:20).

Ello implica, como lo veníamos diciendo, la fijación de identidades de sujetos por medio de un atributo que se considera ya dado, heredado o producido en el contexto familiar, ante el cual el contexto escolar nada agrega, revierte o recrea. Se abstrae del problema la demanda específica que la escuela realiza a los sujetos a la hora de desplegar su inteligencia, en el marco de ciertos tiempos y ritmos, en torno a ciertos contenidos especialmente presentados "al modo escolar", en el marco de ciertas relaciones entre pares y con el docente y según modalidades particulares del uso de las capacidades intelectuales y lingüísticas. Se "olvida" la situación y se focaliza sólo en el sujeto, más o menos inteligente, como rasgo puramente individual.

La pregunta por la inteligencia varía de acuerdo a nuestra perspectiva de análisis y la manera en que ubiquemos el foco que recorta el objeto que miramos. No alcanza con mirar al sujeto aislado, pensado como esencia, opuesto a un mundo de objetos que debe dominar, recortado, autosuficiente. No alcanza con ampliar el foco a un contexto familiar y social que lo determina y sella su identidad –pobre, vulnerable, inmigrante, incapacitado, limitado, etc., y, por tanto, de menor inteligencia–. La diversidad entre sujetos, no entendida como obstáculo o conflicto sino como parte de la realidad humana, las diferencias –no pensadas como desigualdades ni jerarquías– demandan otros modos de concebir la inteligencia. *Si algo signa el fin de siglo parece ser el problema de la diversidad y la manera en que se nos problematizan los procesos de desarrollo. La pregunta por la inteligencia encierra al fin, insistamos, la pregunta por el sujeto* (Baquero, 1997: 23).

A fin de seguir analizando el texto que dispara estas reflexiones, veremos que Jacotot plantea la inteligencia como un conjunto de actividades que es necesario desarrollar para verificar su igualdad con otras inteligencias: estar atento, imitar, leer, relacionar, repetir, hablar, escribir, pensar, manejar símbolos, traducir, etc., en el marco de relaciones con otros. Muchas de ellas, actividades que los niños realizan desde muy pequeños y a través de las cuales aprenden a hablar sin maestro explicador. En este sentido, Jacotot confirma la concepción de la época, en tanto se piensa a la inteligencia como un conjunto de actividades que no pueden reunirse en un solo término o definición, aunque fuertemente vinculadas por su relación con lo simbólico y el pensamiento. Así, para el pedagogo, formar la inteligencia es mucho más que "cargar la memoria" o repetir frases hechas, aprender de memoria o repetir el libro. La inteligencia sólo se verifica y se desarrolla en acto y en situación, sin mediciones previas, ni aislándola en funciones-partes. En este sentido, se ubica a la inteligencia en el lugar de un ejercicio de actividades diversas y mezcladas, de un "trabajo" de la memoria, la atención, la palabra, la lectura y escritura, juntas, donde todas estas capacidades son puestas en juego en torno a una actividad, pero donde fundamentalmente se trata del despliegue del pensamiento del alumno en libertad.

Dice el maestro ignorante: *No digas que no puedes. Sabes ver, sabes hablar, sabes mostrar, puedes acordarte. ¿Qué más necesitas? Una atención absoluta para ver y revisar, para decir y repetir. No te esfuerces en confundirme ni en confundirte. ¿Es correcto lo que has visto? ¿Tú qué piensas? ¿No eres un ser pensante? ¿O crees que eres todo cuerpo? Ya llegará el momento de hablar de lo que habla el libro: ¿qué piensas de Calipso, del dolor, de una diosa, de una primavera eterna? Muéstrame lo que te hace decir lo que dices. El libro es la fuga bloqueada. No se sabe qué rumbo tomará el alumno. Pero se sabe de dónde no saldrá, del ejercicio de su libertad. Se sabe también que el maestro no tendrá derecho a estar por todas partes, solamente en la puerta. El alumno debe verlo todo por sí mismo, comparar sin cesar y responder siempre a la triple pregunta: ¿qué ves?, ¿qué piensas?, ¿qué haces? Y así hasta el infinito* (2003: 36).

La inteligencia aparece aquí, fundamentalmente, como el ejercicio de una libertad de pensamiento y como un efecto del ejercicio de la voluntad. Doble ejercicio que no se efectúa sino en relación a otro, a un maestro emancipado, a un interlocutor que propone y sostiene el esfuerzo y la aventura de pensar por uno mismo.

La voluntad manda, la inteligencia obedece. La atención pone en marcha la inteligencia, la voluntad la presiona. *Este acto no es diferente si se realiza para reconocer la forma de una letra, para memorizar una frase, para encontrar una relación entre dos entes matemáticos, para encontrar los elementos de un discurso a componer. No existe una facultad que registre, otra que comprenda, otra que juzgue... (...) Y la naturaleza de inventar no es distinta a la de acordarse* (2003: 38).

En cierto sentido, podríamos afirmar que la inteligencia no existe o, lo que es lo mismo, preguntarnos si es posible –como lo hace Jacotot– definirla como una posibilidad de pensar por relaciones, que se da en relaciones con otros. No ya como una "cosa" que se posee individualmente, una característica o atributo individual, susceptible de ser medida, categorizada, tabulada, comparada, etiquetada en relación a una norma, como actividad puramente individual sino como esfuerzo –junto a otro– de decir, de traducir y contratraducir.

Como dijimos, el pensamiento moderno, con bases filosóficas y científicas médico-psicológicas, según una concepción de sujeto sustancializada, ha hecho de la inteligencia ese rasgo que se tiene: que se lleva en los genes o se trae naturalmente o se desarrolla según parámetros puramente individuales, ya sea biológicos o psicológicos. Las críticas contemporáneas a esta manera de concebir la inteligencia y, en definitiva, al sujeto mismo, discuten que la inteligencia y su despliegue en un sujeto pueda recortarse de los contextos y situaciones que ese sujeto habita. Hoy, las teorías socio-históricas, contextualistas y situacionales recuperan la constitución del sujeto cultural e históricamente determinado y, por tanto, el desarrollo de su inteligencia como un proceso cultural, dado en el marco de relaciones con otros, a partir de otros, en diálogo con otros.

En términos jacotistas: la sociedad explicadora, la de los espíritus inferiores y los espíritus superiores, donde reina la desigualdad entre ellos, necesita de una inteligencia-atributo del sujeto, medible y categorizable, para garantizar que la desigualdad tenga su explicación científica y los sujetos puedan ser dominados, retenidos en "su" lugar. *Si creemos en la desigualdad, es necesario aceptar las localizaciones cerebrales; si creemos en la unidad del principio espiritual, es necesario decir que es la misma inteligencia la que se aplica, en circunstancias diferentes, a objetos materiales diferentes* (2003: 67).

Es por esto que afirmamos que la inteligencia como dimensión aislada no existe, existe un trabajo, una disposición, una atención puesta en el mundo de los objetos, en los otros, es atención y búsqueda y la inteligencia puesta en acto es el ver y comparar, el repetir venciendo la pereza, rompiendo el círculo de la impotencia que se alimenta en la lógica de la superioridad-inferioridad. Lo que está en la base de esta manera de pensar la inteligencia es la concepción de sujeto que supone y la posibilidad de que, explorando las propias capacidades intelectuales, todo sujeto puede juzgarse igual a los demás y transitar un camino de emancipación. Es la vuelta sobre sí del ser racional, el aprecio de uno sobre sí mismo, lo que hace igualdad y emancipación.

La pregunta por la inteligencia encierra, finalmente, la pregunta por el sujeto. Una subjetividad que no puede explicarse por fuera del lazo social y la palabra, en la que el contexto forma parte de las condiciones mismas de constitución del sujeto así como de la experiencia de emancipación.

3.4. El acto de emancipación. Emancipación de una autoridad

> *Sólo el que abandona los mecanismos de la máquina social tiene la oportunidad de hacer circular la energía eléctrica de la emancipación.*
>
> **Rancière** (2003: 140)

Podríamos señalar la contradicción: nadie puede ser emancipado por otro pero, a la vez, nadie se emancipa solo. Sin embargo, si nos remitimos a la concepción de sujeto que recorríamos antes, la del sujeto situado, en relación con otros y con el mundo, enlazados por el lenguaje, podemos pensar que el lugar de la emancipación es siempre en una relación con otro, es en el lazo que libera, pero no en el sujetamiento que inmoviliza, se produce en distintos espacios sociales pero no tiene un espacio que le sea propio, funciona inversamente a la maquinaria social pero no la sustituye, requiere de la palabra de otro pero supone el rechazo a la repetición de esta palabra.

En capítulos anteriores, tomamos algunos ejemplos de ruptura de los mecanismos de esta máquina social como fuente de inspiración en el trabajo de Rancière: el mismo Jacotot, proponiendo enseñar lo que ignora sin explicar absolutamente nada ante una sociedad explicadora iluminista; los obreros de *La nuit des prolétaires*, que en los años 1830 deciden romper el círculo de sueño y vigilia, trabajo y reposo, y trastocar el descanso nocturno en veladas de lectura y escritura, discusión y aprendizaje (1981). Otros ejemplos, más cercanos en el tiempo y el espacio nos hablan de experiencias en escuelas ubicadas en contextos de pobreza, o simplemente en otras escuelas, donde los niños y jóvenes aprenden acerca de "otros mundos" y, a la vez, miran críticamente el suyo, imaginan y prueban su posibilidad de participación, se organizan para publicar un periódico, escribir un libro, hacen música, teatro, ayudan a otros, aprenden trabajando, se vinculan con el barrio y otras instituciones, etc.

Todos ellos nos hablan de procesos de emancipación a partir de una inscripción en la palabra diferente, una palabra que rompe el consenso, que rechaza los roles del "diálogo" tradicional, que da "voz" y "parte", que subjetiviza. Un sujeto de palabra siempre potencial y que no termina nunca de actualizarse porque siempre demanda nuevos gestos, como la igualdad. Una palabra que es acto de emancipación.

Podríamos seguir citando numerosos ejemplos de este tipo, provenientes de las escuelas en nuestro contexto y nuestro tiempo. Algunos de ellos ya fueron mencionados en capítulos anteriores, pero los retomamos porque nos siguen ofreciendo posibilidades de lecturas desde diferentes perspectivas. Los jóvenes de un barrio pobre de la Ciudad de Buenos Aires que, a partir de un trabajo de escritura en el marco de un proyecto en una escuela nocturna, descubren que los "lugares" **41** en la sociedad se construyen individual y colectivamente, tienen que ver con su identidad (barrial, futbolística, territorial) pero, a la vez, suponen un ir "más allá" de quienes "son", un movimiento de desidentificación, desterritorialización, una toma de distancia de sí mismos. Sus docentes de lengua, geografía, derecho, teatro abren los canales de expresión necesarios para la emergencia de su palabra. Expresan lo que significa para ellos el lugar de la familia, el barrio, la plaza donde se reúnen y que hoy se ve amenazada por la violencia, la cancha de fútbol, el lugar donde nacieron, el hospital de la zona, etc. Pero el trabajo no permanece allí, sus profesores avanzan con ellos pensando y analizando el lugar que puede disputarse y ganarse cuando las organizaciones sociales actúan, cuando el Estado sostiene posibilidades y cuando no lo hace y es necesario reclamarlo.

Son también los "noveles escritores" de un primer año de una escuela considerada "difícil" de otro barrio de la ciudad, lugar "de paso" **42** , quienes habilitados por sus docentes de lengua y literatura para escribir poesía, lo hacen y se expresan más allá de las expectativas de todos en la escuela. Supuestamente "incapacitados" para la palabra, el diálogo, la escritura y la expresión artística, la realización de unos talleres de poesía en la biblioteca, explorando los autores y libros más diversos, despiertan su potencialidad para poetizar, traducir en palabras sentimientos, tal vez aquello "intraducible". Los profesores deciden publicar sus poemas y el nombre de la publicación: "Noveles escritores" los reubica en otro "lugar", de posibilidad de palabra, de creatividad, de enorme valorización para sí mismos.

Veamos con mayor profundidad en qué sentido se propician aquí procesos de emancipación, cómo se ponen en marcha y se sostienen en una sociedad que no facilita su despliegue. Por otro lado, pensaremos cómo se ubica la autoridad pedagógica en relación a estos procesos y a los sujetos que los viven.

¿Qué significa emancipación, en primer término?

Lo adelantábamos a partir del texto de Kant que retoma Foucault. Emancipación es una "salida de la minoridad", alcanzar la edad adulta, hacerse cargo de uno mismo, salir de un estado en el cual otro decide por uno. Según el diccionario Littré: *Emancipación: término de la jurisprudencia. Derecho acordado a un menor de realizar actos de administración. Estado de aquel que, libre de toda tutela, puede administrar libremente sus bienes. (...) En derecho romano, acto por el cual el hijo de familia era liberado del poder paterno. Por extensión: liberación. La emancipación de los esclavos, de las masas populares. Figura: La emancipación del espíritu, estado que se desprende de prejuicios tradicionales.*

En su introducción al texto *L'émancipation*, Navet (2002) dice que es Vico quien ofrece la voz más directa sobre el término emancipación y explica que el filósofo napolitano relata que en el tiempo en que se organizaron las primeras familias patriarcales, los hombres se expresaban solamente por medio de gestos, símbolos materiales o por una combinación de los dos. El gesto de tomar con la mano (manus capio) significa tomarse de..., apoderarse, tomar poder sobre..., entonces: volverse propietario de... **43** Pero la acción de tomar o de capturar con la mano no se detuvo en las tierras, en los objetos inanimados y en los animales. *Los errantes que se refugiaron en la casa de los padres fundadores "a fin de salvar su vida y, habiendo sido recibidos a cambio de su vida, fueron obligados a cultivar los campos de sus padres", fueron asimilados a cosas o a animales considerados entonces como seres sin alma y ubicados en la categoría* mancipia, *de las cosas tenidas con la mano. La emancipación es el esfuerzo de estos* famoli *para liberarse del dominio que pesa sobre ellos* (2002: 7).

En relación a la sujeción a una autoridad y el sujetamiento, en esta categoría de *mancipia,* Lyotard, por su parte, se refiere al *mancipium* al definir una determinada concepción de infancia y su relación con quienes le dan la vida, en un sentido general **44** : *Por infancia entiendo que nacemos antes de nacer para nosotros mismos. Y, por lo tanto, nacemos a través de otros, pero también para otros, entregados, sin defensa, a los otros. Estamos sujetos a su* *mancipium, que ellos mismos no pueden evaluar. Porque, aunque sean madres y padres, ellos mismos son también infantes. Ellos no están emancipados de su propia infancia, de la herida de la infancia o del llamado que ella lanza* (1992: 420).

Hay evidentemente una estrecha relación entre emancipación y liberación de una autoridad en el sentido de tutelaje o apoderamiento, entre emancipación e interrupción del dominio de uno sobre otro, entre emancipación y liberación de ese poder, entre emancipación y salida de un estado de minoridad o infancia entendida como sujetamiento, edad en donde no se razonaría por uno mismo ni se asumiría un lugar de autonomía. Emancipación es así un movimiento que aleja, un proceso que desliga, en una relación de poder, al sujeto heterónomo de aquel de quien depende.

Sin embargo, la liberación de la relación con una autoridad que piensa, decide, hace, por uno, no es solamente una liberación en relación a una instancia externa, instancia que sujeta al sujeto por fuera del sujeto mismo, sino que es movimiento a la vez externo e interno, que transforma y constituye al sujeto en el mismo proceso emancipador. Así, la figura del eterno rebelde, oponiéndose insistentemente a la autoridad, no sería un sujeto emancipado, sino alguien "sujetado" en forma negativa a la autoridad de la que depende. En su interior, el eterno rebelde no se desliga de la autoridad, no ocupa "su" lugar, sino un lugar en oposición a otro. Es la posición por la que necesariamente atraviesan los adolescentes para, desde allí, despegar subjetivamente hacia un espacio propio.

Es que emancipación es reformulación, cuestionamiento de relaciones y de sujetos, desnaturalización de hechos y de estados de hecho, giro en el presente que da a ver un pasado y un futuro diferentes, a su vez, no naturales, como lugares de escritura de otra historia. Esto no sólo acontece en la relación con otro sujeto ubicado en el lugar de autoridad, en la ruptura de un vínculo de sujetamiento "hacia fuera", sino en la relación con uno mismo, en la posibilidad de habilitarse a sí mismo, anudando de manera diferente pasado-presente-futuro.

En este sentido, el sujeto emancipado no existe de antemano, no preexiste, sino que crea su lugar emancipándose, en el mismo movimiento por el cual se abren un tiempo y un espacio no naturales sino creados desde una nueva posición. Hace escapar a la repetición de lo mismo y no porque se espere un "futuro mejor" que llegará siempre más adelante, sino porque hace ver y transforma un pasado diferente que no ata a lo inexorable, al destino marcado, al camino ya trazado por otros.

La temporalidad se ve conmovida por el proceso emancipador, el devenir de la historia para el sujeto adquiere otra textura, otra dimensión, otra complejidad. Se trastoca lo ya dado o lo que nunca será dado, como capítulos cerrados, mandatos sociales o subjetivos indelebles.

Decían unos jóvenes a punto de egresar, en el marco de una entrevista grupal en un proyecto de investigación: "Nunca pensé que iba a ocurrirme esto, en la escuela algunos profesores me ayudaron a pensar por mí mismo y eso me hizo distinto. También me sirve para darme cuenta cómo no quiero ser, como otros profesores que no ayudan a pensar para nada" y "Salir de la escuela está bueno, no sólo porque no hay que cumplir más horarios, tareas y otras cosas. Es que cuando te vas, valorás lo que había, lo que te enseñaron, lo que no quisiste en su momento. Es raro, pero quiero terminar sólo por eso".

La emancipación instaura tiempos y espacios humanos en los que se revierte un estado natural de las cosas en donde éstas son concebidas como "lo que son", como supuestamente siendo esencias que se definen externamente a partir de un tiempo lineal que no se deja transformar. Pone en movimiento de otro modo, ya no lo que el sujeto "es", sino lo que "va siendo", a través de las preguntas sobre sí mismo, sobre la historia, la sociedad, las relaciones entre humanos. Se puede aventurar, dice Navet, que el tiempo de la emancipación es el único tiempo propiamente humano. Es el tiempo de la transformación.

Es que no se trata de un mero pasaje de un estado a otro, social o subjetivo, tampoco de una evolución que progresa y se instala para siempre, como un logro alcanzado: de estar sometido a estar emancipado y... "ya está", una nueva identidad se fija; en cambio, la emancipación se vuelve "devenir emancipatorio", obliga a una reformulación permanente de lo que en las relaciones humanas tiende a naturalizarse, a volverse nuevo estado de hecho.

Como trabajo permanente, entonces, *Todo movimiento de emancipación apunta a modificar las relaciones fundamentales entre los humanos y las modifica ya por su sola existencia* (2002: 10). Es que toda reivindicación social o subjetiva conlleva nuevos modos relacionales que modifican tanto el lugar de quien se reivindica emancipándose como de aquellos a quienes se les ha dirigido un reclamo, trabajo que no cesa de ocurrir y de demandar nuevas acciones del/los sujeto/s emancipado/s.

Es así que éste –el sujeto emancipado– no es un sujeto autosuficiente, desligado de toda ligadura, autoengendrado y "libre" del entrelazamiento de las relaciones con otros. Por el contrario, el sujeto emancipado sostiene su necesidad de otros y su preocupación constante por los otros, por los modos de relación con otros que no conllevan sujetamiento ni "atontamiento". Se acerca a la idea foucaultiana de "cuidado de sí mismo" que tomáramos anteriormente. En este sentido es que se abre una marcada diferencia con la concepción de emancipación moderna.

Decíamos que el sujeto emancipado no preexiste al movimiento emancipador en sí mismo, ni habría ninguna condición humana natural que deba "despertarse", "iluminarse", ser sacada de algún fondo oscuro y reprimido o ser liberada de ataduras culturales determinadas. No se trata de decir que la emancipación apuntaría a realizar una cierta naturaleza humana latente ya que, a la inversa, es el movimiento emancipador que libera, el que crea virtualidades humanas que sólo aparecerían o no existirían sin él.

En Jacotot, la resistencia a homologar igualdad y progreso, la insistencia en poner de manifiesto incluso, su oposición, nos habla de la emancipación que propone su anti-método. No es la instrucción la que emancipa, no es la búsqueda de la igualdad como horizonte permanente siempre alejado la que produce el progreso, por el contrario, es el rechazo a ser "inferiorizado" en relaciones de educación actuales lo que emancipa y crea al sujeto en el mismo movimiento emancipatorio, en un lazo con otro, un igual, un maestro emancipado.

La experiencia escolar de muchos niños y jóvenes, en el marco de proyectos ya relatados, donde se hace lugar a su lugar de sujetos y a su palabra, no sólo habilita una manera de aprender diferente sino que los transforma en tanto sujetos. Una alumna que había trabajado con sus docentes la idea de poder en las relaciones sociales, en el barrio, en organizaciones comunitarias, desde el rol del estado, escribiendo, viendo teatro, discutiendo con sus pares y profesores, pudo oponerse a un ejercicio de poder abusivo en sus relaciones cotidianas. Decía: "En la escuela me di cuenta de lo que es el poder, ahora llevo esas ideas a mi vida, me parece que soy otra desde que entiendo estas cosas".

El proceso emancipatorio entendido de esta manera, como proceso y no como sucesión de estados, como desnaturalización de espacios y de tiempos humanos, como temporalidad que reformula la relación entre presente, pasado y futuro, así como las relaciones con los otros, entendido también como trabajo de humanización que instaura al sujeto en el mismo movimiento emancipatorio, nos vuelve a conducir a la pregunta por la relación con la autoridad y su lugar en el devenir de lo humano a través de la transmisión.

3.5. Emancipación y transmisión

> *(...) ese niño será él mismo emancipado,*
> *ya que piensa sin explicaciones.*
>
> **Jacotot** (1829: xli)

Nos queda por saber, entonces, si todo proceso emancipatorio implica un rechazo a la autoridad, si existe una oposición entre emancipación y autoridad. Es interesante seguir, en este sentido, la lógica de la relación que establece Jacotot entre emancipación, autoridad paterna/materna y transmisión de padre a hijo. Si bien la emancipación supone –como lo afirman los diccionarios– una liberación de la tutela paterna, Jacotot apuesta a la emancipación del propio padre y al lazo con su hijo, como lugar privilegiado desde donde es posible generar condiciones para la emancipación del hijo, por fuera de las instituciones de la instrucción.

Un padre está emancipado cuando ha reflexionado: primero sobre su profesión y sobre la manera en que la ejerce; segundo sobre los hombres que lo rodean, para saber si se le parecen por la inteligencia, si tienen los mismos vicios y las mismas virtudes. Finalmente cuando ha verificado en qué sentido es verdad que todo está en todo. Un padre emancipado puede emancipar a sus hijos, exigiendo que hagan, sobre lo que sea, lo que él mismo ha hecho. He ahí todo. (...) (Jacotot, 1829: xlij y xlv). Así, en su propuesta, la emancipación es aquello que permite que todo hombre de pueblo reconozca su dignidad de hombre, valore su capacidad intelectual y decida cómo usarla, haciendo que sus hijos produzcan de igual manera su propio proceso emancipatorio.

Jacotot se muestra preocupado por la emancipación y su transmisión, ya que no es en los lugares donde se instruye donde la maquinaria social de la desigualdad se detiene, no es en la escuela –según él– donde se emancipa ni donde la explicación deja de crear inferioridades y reproducir el embrutecimiento. El espacio familiar se vuelve así un lugar posible, donde la transmisión de padre a hijo se constituye en la vía privilegiada "por donde circula la energía emancipatoria".

La firme creencia en la igualdad de cualquiera con cualquiera, sostenida por el padre, se transmitirá a su hijo, casi sin palabras, la emancipación circulará de uno a otro. Jacotot busca así en la función paterna (en el ámbito familiar) una función garante de la emancipación de los sujetos, un lugar de terceridad, una referencia que no perpetúe la dependencia sino que abra a la autonomía del pensamiento. Jacotot desconfía de que esta función de tercero, referente, garante de constitución subjetiva, se encuentre en las instituciones educativas, entre los maestros, profesores y doctores, en los ámbitos académicos, en la autoridad de los sabios. Sospecha que la propia sujeción de estas autoridades del saber a un orden social hecho de jerarquías –y la convicción en su propia superioridad– no hará más que garantizar la "inferiorización" de los ignorantes y la perpetuación del orden de la desigualdad.

Rancière tomará esta inversión de los roles entre la familia y la escuela para pensar el despliegue del proceso emancipatorio, en el cual no se trata de crear sabios sino de "convencer" a quienes se sienten inferiores de que tienen un poder de pensamiento propio, que no son inferiores ni deben menospreciarse a sí mismos, que son iguales. Se trata de producir hombres y mujeres emancipados diferenciando claramente el método emancipador del método social. Hombres, mujeres, jóvenes y niños que piensen sin explicaciones.

Sólo hay que reconocer un principio de igualdad *de cualquiera con cualquiera* y desestimar toda superioridad, todo saber proveniente de un maestro, todo orgullo u omnipotencia, toda autoridad que se erija en dueña del saber y poder. Pero para ello es necesario, aunque parezca contradictorio, que haya una autoridad en el sentido de un lugar tercero, un garante, una función paterna/materna o función de maestro ignorante que oficie de mediador para que la igualdad se verifique. Jacotot la ubica en el lugar del padre artesano o campesino que, emancipado él mismo, puede transmitir la emancipación al hijo. Puede advertirlo de que la explicación sin fin embrutece, adormece la posibilidad subjetiva y social de "atreverse a pensar por sí mismo". Descree de la autoridad que el orden social crea para recrear su propio mecanismo de sujetamiento, apuesta a la autoridad paterna que liga para liberar, que garantiza la igualdad y la emancipación del sujeto ejerciendo su oficio de padre o maestro, una autoridad en acto.

Volviendo a nuestra época, admitimos la dificultad para trasladar estos pensamientos y propuestas; es difícil pensar hoy en la familia –en los términos habituales– como el ámbito prioritario donde esperar transformaciones, recreaciones, nuevas apuestas. Una trama social y familiar desgarrada por el desempleo o la sobreocupación (los múltiples trabajos para poder sobrevivir), los adultos intensamente preocupados por sus propios lugares subjetivos, ya sea para cubrir necesidades básicas o capturados por el consumo o por padecer de diferentes maneras estos tiempos de in-significancia, el desdibujamiento de los lugares de padres e hijos, viejas y nuevas generaciones a veces indiferenciadas, conmueven fuertemente el espacio familiar. Hoy no podríamos apelar al padre – o la madre– trabajador, campesino o artesano e interrogar su propio lugar de sujeto emancipado en relación al trabajo; las relaciones laborales flexibilizadas han complejizado el mundo del trabajo y sus sujetos de una manera desfavorable.

Sin embargo, es posible pensar que la figura del padre trabajador emancipado tanto como la del maestro ignorante –en Jacotot– sean un ensayo sobre la autoridad paterna **45** pensada en estos términos, no tanto como el padre real que emancipa al hijo en el hogar, sino como el lugar donde se encarna una ley fundamental, humanizante, creadora de un lazo indispensable para la vida subjetiva, una metáfora de la habilitación de los "nuevos".

A nuestra pregunta sobre si autoridad y emancipación se contraponen respondemos, desde aquí, que no. Por el contrario, es un padre, madre o maestro emancipados, autoridades emancipadas, funciones garantes de estos procesos emancipatorios, las transmisoras de emancipación a las generaciones siguientes.

Resta comprender hoy en profundidad cuál es el lugar posible o los lugares posibles donde encarnar esa ley humanizante garante de procesos de subjetivación. Transmisión indispensable de la vida humana, constructora de "lo común" y a la vez, de las singularidades.

Referentes –probablemente múltiples, ya no únicos– en torno a los cuales configurarse como sujetos y comunidad, a la vez. Referencias y mapas para reubicarnos en las relaciones con los otros, en lo intergeneracional, en la aceptación de una herencia y la invención de un tiempo propio. Desafíos de los nuevos tiempos que nos obligan a volver a pensar cómo nos autorizamos y cómo autorizamos a otros.

El presente capítulo intentó adentrarse en cuatro conceptos que permiten seguir pensando lugares diferenciados de relación entre generaciones, en torno al trabajo de educar. Sujeto, voluntad, inteligencia y emancipación pueden ser dichos desde diversas perspectivas. Apostamos, en este texto, a un sujeto en devenir que requiere de otros para hacerse a sí mismo. Voluntad e inteligencia nos hablan de algunos de los aspectos que lo acercan al conocimiento, pero no sólo a él. El proceso emancipatorio lo lanza en la búsqueda de su/s lugar/es. La autoridad acompaña, moviliza, causa y sostiene.

Retomamos, a partir de estas ideas, en el siguiente capítulo, nuestra pregunta por la "autorización" en el territorio de lo educativo, ¿quién y cómo se autoriza la palabra a quienes aún no la tienen?, ¿cómo se ofrece/ da/ dona en la infancia y a la infancia?, ¿según cuáles miradas y posicionamientos desde la "autoridad" de quien enseña?

Notas

[39]. Algunas de las cuales desarrollamos a partir de Foucault en el capítulo 1.

[40]. Tomamos esta expresión: "La pregunta por la inteligencia" del trabajo de Ricardo Baquero, titulado de la misma manera y publicado en Propuesta educativa. Año 8. N° 16. FLACSO. Buenos Aires. 1997.

[41]. Se recupera aquí la idea de "lugar" en un sentido simbólico, vinculado a los procesos de subjetivación. Puede profundizarse este tema en el texto *Revisitar la mirada sobre la escuela,* de Sandra Nicastro donde cita a Berger (2004): *El lugar es más que una zona. Un lugar está alrededor de algo. Un lugar es la extensión de una presencia o la consecuencia de una acción. Un lugar es lo opuesto a un espacio vacío. Un lugar es donde sucede algo o ha sucedido* (2006: 145).

[42]. Algunas escuelas de esta región se caracterizan por recibir alumnado "de paso", muchos jóvenes inmigrantes que recién llegan al país o viven en el

Gran Buenos Aires pero acceden a la Ciudad de Buenos Aires a través de medios de transporte que llegan a una terminal de ómnibus cercana. El sentimiento de pertenencia a la escuela y a su contexto es escaso y requiere de un trabajo sostenido por la institución.

[43]. *Las primeras tierras cultivadas fueron las primeras "presas" (praedae) del mundo; de allí viene que la primera dominación se ejerció sobre tierras de este espacio que fueron por este motivo llamadas* manucaptae *en el antiguo derecho romano. (...) Estas tierras llamadas* manucaptae *debieron ser las primeras en ser denominadas* mancipia *(...)* (2002: 7).

[44]. El concepto de infancia, en este sentido, como tiempo de la vida –no concebido cronológicamente– será profundizado en el capítulo siguiente.

[45]. Cuando mencionamos el concepto de función paterna o autoridad paterna, no nos referimos directamente a la existencia de un padre sino a un ejercicio, la habilitación de un lugar de adulto que se "hace cargo", que puede ser ocupado por padres o madres, adultos mujeres o varones que tienen lazos familiares o no con niños y jóvenes. Acerca de este lugar seguiremos profundizando en el capítulo 4.

Capítulo 4
La autoridad de la palabra. Desafíos de la autorización

4.1. La potencia de la palabra "dada" en la relación pedagógica. Otros lugares para la infancia y la adolescencia

Los niños, esos seres extraños de los que nada se sabe, esos seres salvajes que no entienden nuestra lengua.

Una imagen del otro es una contradicción. Pero quizá nos quede una imagen del encuentro con lo otro. En ese sentido no sería una imagen de la infancia, sino una imagen a partir del encuentro con la infancia. (...) el sujeto de la experiencia es el que sabe enfrentar lo otro en tanto que otro y está dispuesto a perder pie y a dejarse tumbar y arrastrar por lo que le sale al encuentro, el sujeto de la experiencia está dispuesto a transformarse en una dirección desconocida.

Larrosa (2000: 165 y 178)

Pensar la potencia de la palabra, en el espacio entre niños/as, adolescentes, jóvenes y adultos, supone transformar una cierta imagen del otro –niño/a o adolescente– sobre quien se ejerce el poder de la palabra en educación, en contextos escolares –y también en contextos de crianza–. Esta potencia –y sus efectos de poder– puede ser necesaria, constitutiva de subjetividad, la que nombra y otorga lugares o, por el contrario, arrasadora, invasora, inhabilitante, la que no deja lugar.

Hay palabras, vacíos y excesos de palabras. Por esto, no se trata de cualquiera, sino de aquella que emancipa, como lo desplegamos en el capítulo anterior. No supone que "todo" debe decirse sino que hay formas y momentos en que es necesario hablar de ciertas maneras o callar, encauzar simbólicamente de otras formas un sentido.

Pensar la potencia de la palabra nos obliga a pensar las modalidades en que las palabras circulan o se detienen entre los "viejos" y los "nuevos" en la escuela; los modos en que instituyen lugares, identidades, divisiones, poderes, saberes, autoridades y legalidades diversas. Implica reconocer la tensión paradojal de concebir que estos "espacios instituidos" ofrecen también, a su vez, "espacios de libertad" para el despliegue subjetivo, son lugares de subjetivación, de creación de uno mismo a partir de los otros. Nos llevan a reconocer la potencia de la palabra como generadora de condiciones para la experiencia en el marco de instituciones.

En este sentido, la psicoanalista Piera Aulagnier se refiere a *La violencia de la interpretación* (1988) cuando afirma que hay un espacio adonde el yo debe advenir, hacerse presente, y que está hecho de palabras, es un espacio simbólico: *Todo sujeto nace en un "espacio hablante"* (1988: 112). Este espacio hablante es el hábitat donde el yo se constituirá, se forjará en relación a otros, para lo cual requiere de determinadas condiciones: que haya otros y que esos otros hagan lugar al sujeto en un discurso y en su deseo. Pensar en las condiciones necesarias para la constitución del yo es lo mismo que Kammerer (2000) piensa cuando delimita de qué esta hecha la "deuda de vida", concepto que abordaremos más adelante.

¿Qué implica para Aulagnier esta violencia? En principio se trata de distinguir una violencia primaria de otra secundaria en la constitución subjetiva, una –la primaria– que subjetiviza, que hace lugar al sujeto y, por tanto, necesaria, que anticipa, que nombra, que funda y "deja ser", de otra –la secundaria– desubjetivante, arrasadora, excesiva, que, en lugar de hacer lugar, lo quita, lo borra, lo inunda, haciéndose pasar por necesaria. La primaria será una violencia indispensable para permitir a alguien el acceso al orden de lo humano, precede al nacimiento del sujeto, es una especie de "sombra hablada" que la madre proyectará sobre el cuerpo del sujeto ni bien nace y ocupará el lugar de aquel al que se dirige. Esta violencia primaria, ejercida en actos y palabras, se anticipa siempre a lo que el niño puede conocer de ellos, la oferta precede a la demanda, y *si el pecho es dado antes de que la boca sepa lo que espera* (Aulagnier, 1988: 33), la distancia es aún mayor cuando se trata de las palabras, del sentido. Distancia, sin embargo, necesaria y dadora de lugar porque anticipa un mundo en el cual el futuro sujeto es sumergido, recibido, acogido.

La palabra materna derrama un flujo portador y creador de sentido que se anticipa en mucho a la capacidad del infans de reconocer su significación y de retomarla por cuenta propia. La madre se presenta como un yo hablante o un yo hablo que ubica al infans en situación de destinatario de un discurso, mientras que él carece de la posibilidad de apropiarse de la significación del enunciado (Aulagnier, 1988: 33).

Es así que el psiquismo del "infans" (el niño que aún no habla) vivirá en el momento del encuentro con la voz materna: en este sentido es necesaria, porque garantiza la vida psíquica de un sujeto, es condición para la futura existencia. Sin ella, no habría sujeto con un lugar que le sea propio, aún cuando ese lugar tenga que seguir construyéndose desde sí mismo a lo largo de toda su vida.

La violencia secundaria es, en cambio, violencia sobre el yo, se abre camino apoyándose sobre la primera pero es un exceso perjudicial e innecesario para su funcionamiento. Esta violencia es un ejercicio de poder abusivo, ya sea por parte de un yo ya constituido (como el de un padre o una madre) como por parte de un discurso social que pretende perpetuarse sin cambio o imponer significaciones según modelos rígidamente instituidos, a modo de mandatos incuestionables. La violencia secundaria suele ser desconocida para quienes la padecen porque a menudo se sustenta en un poder encubierto tras las "buenas" intenciones que "bajan" los modelos impuestos por "el bien del otro, de los jóvenes, de los débiles", sin lugar alguno para la movilidad y la transformación. Sus efectos pueden ser, así, en lugar de subjetivantes –es decir, "dadores" de lugar– desubjetivantes –arrasadores de todo posible lugar propio donde desplegarse el sujeto, el que debe ganarse y no sólo heredarse.

Podemos pensar que estos dos tipos de violencia no son solamente modalidades de la función materna/paterna sino que también pueden reconocerse en el funcionamiento de las instituciones, espacios sociales donde los sujetos pueden ser albergados otorgándoseles un lugar para habitar, o pueden ser avasallados, imponiéndoseles un molde al cual deben simplemente adaptarse, sin lugar alguno para la propia voz.

¿Cómo concebir en esta perspectiva a la figura de una autoridad que "da" palabras, las anticipa, cuando educa, enseña, transmite reglas, modos de relación? Este espacio del que habla Aulagnier (1988), adonde el yo debe llegar a construirse; es un espacio en el que no se es aún, sino que se va siendo, se va diciendo a sí mismo, va contando su historia y proyectándose a futuro, se va otorgando sentidos en relación al espacio de otros, identificándose a los adultos que habilitan ese lugar. Si éstos no ponen a disposición una historia y sus relatos, no habrá un texto adonde incluirse, una trama adonde el sujeto se enlace a sí mismo y se sostenga como tal, sabiéndose parte, coautor, coconstructor y protagonista.

Dice Aulagnier que *El Yo no es más que el saber que el Yo puede tener acerca del Yo* (1988: 147), saber que siempre es parcial y hecho de fragmentos, incluye lo que el campo social, cultural –al que pertenecen los padres y otros adultos significativos– espera de él, del cual, a la vez, el niño deberá apropiarse y enunciar con su propia voz, con sus propias modulaciones, según su deseo y sus anhelos, independientes del exclusivo veredicto parental (o social). La autora ubica aquí lo que llama proyecto identificatorio, que consiste en la posibilidad de que el yo construya un saber sobre el yo futuro y sobre el futuro del yo, un yo futuro que renuncie a la certeza, que represente una esperanza, designando su objeto en una imagen identificatoria valorizada por el sujeto y por el conjunto social.

Conjugar ese tiempo futuro en un proyecto identificatorio es garantía de sostén del yo, es indispensable para poder proyectarse y sostener la identidad actual y futura. Pero la imagen que se desea alcanzar no puede coincidir con la imagen que el sujeto se forja acerca de él en su presente. Para ser, el yo debe apoyarse en su anhelo pero distanciarse de él, debe presentar alguna carencia, una meta por la cual seguir sabiendo de sí mismo, aún no alcanzada.

¿Qué podemos pensar o decir, en este sentido, en tiempos en que muchos –sobre todo niños y adolescentes– parecieran haberse quedado ya sin futuro? Los ideales, sentidos e imágenes "en común" caídos de los adultos que los traen al mundo, la carencia de lugares de reconocimiento social, la in-significancia que el consumo provee, la falta de trabajo o su extrema flexibilización, la marginación sistemática de muchos –sin que ello resulte alarmante para un sistema económico y sus ejecutores– no puede sino interrumpir una proyección hacia el futuro. ¿Cómo quedan ubicados esos adultos y su palabra, su relato de la vida pasada, presente y futura hacia los hijos e hijas que educan?

Dice Silvia Bleichmar que estos tiempos neoliberales, en nuestro país, han producido un "estallido de la identificación" **46** : la sensación de superfluidad (ser descartable, estar de más, de sobra) para muchos que son excluidos, la disminución de su autoestima y la ausencia de representación del tiempo futuro, cuando la única tarea es la de sobrevivir en la inmediatez. Pero no sólo se pone en riesgo la identificación social –y el sostén que significa– para quienes viven en la pobreza; si la noción de semejante se desarma, si los vínculos entre sujetos como sujetos (no como objetos) se destejen, el vacío de significación afecta a todos. Asistimos, entonces, a numerosas situaciones donde niños y jóvenes de cualquier sector social no hallan un lugar –simbólico– que les dé acogida, pierden su infancia o adolescencia para trabajar y sobrevivir o para estudiar con vistas a competir en un mundo laboral exigente. Así, niños y adolescentes padecen de in-significancia porque un sistema social –y los adultos que lo componen– les ofrece un mundo des-simbolizado, "naturalizado" en tanto sólo se trata de preservar la vida biológica, donde sobrevivir a tanto peligro.

Sabemos que esta trama social desgarrada dificulta el sostén de sujetos y familias y en las escuelas se resiente el trabajo que se venía haciendo, asentado sobre certezas y acuerdos que hoy no existen. Pero también sabemos que los espacios sociales, institucionales, subjetivos son realidades vivientes, en transformación, capaces de recrearse y reformularse. Si las condiciones sociales cambian, habrá que cambiar modos de relación en las instituciones, volver a pensar y buscar nuevas formas del trabajo de la palabra y el relato, del encuentro entre sujetos, de la operación de una ley simbólica que nos cobija –en tanto humanos– y que no puede borrarse. Habrá que reencontrar modos de afirmar condiciones para el pensamiento **47** , la palabra y el reconocimiento entre semejantes. Legalidades, tal vez nuevas, que recuperan lo que no puede perderse.

Las aportaciones de Aulagnier –que articulan el lugar parental y el del campo social– permiten seguir pensando que es necesario transformar y reinventar ya no sólo el lugar de los padres en la constitución subjetiva, sino el de los adultos referentes de diverso tipo y las instituciones en las que se encuentran con niños y jóvenes en el marco de vínculos y procesos de subjetivación. En ese mismo sentido, es que Kammerer (2000) –otro psicoanalista– propone pensar el papel de los "prestadores de identidad".

Nuestra época probablemente, más que otras, nos obliga a revisar ese lugar de prestadores o de dadores de palabras, imágenes e imaginaciones de futuro.

¿Qué es sino la palabra "dada" aquello que humaniza la vida puramente biológica, hace un "lugar hablante" a quienes nacen: los que aún deben transformarse en sujetos, inscribirse en el mundo, ser hijos e hijas de una historia, habitar la escena de ese mundo simbólico con otros en el espacio común que los reúne? Decimos palabra "dada" y surge la polisemia de la expresión: dar la palabra, ofrecerla dando la propia y, a la vez, dejando que el otro hable, la tome, la haga propia, la utilice como le plazca, la abandone para retomarla luego, prestándola...

Humanizar la vida que viene al mundo es tomar posición como "prestadores de identidad", según la expresión de Kammerer, ofrecer fragmentos de uno mismo hechos de gestos y palabras que no tienen la finalidad de confirmarnos en nuestros lugares de autoridad sino que son "dones" que hacen lugares habitables para otros y para nosotros mismos, que ofrecen vida y nos hacen revivir en ese acto.

Por eso, pensar otros lugares para la "infancia" –nuevos, mejores, habilitantes– es redefinirla en términos de una relación y una diferencia, no como una simple categoría de edad. Aunque pueda fecharse una época de la vida en la que, temporariamente, los otros, los que han donado esa vida, tengan que prestar sus palabras, sus identidades, sus gestos, su mirada anticipadora, su sostén, su interpretación, la infancia es algo más. Nos habita a unos y a otros, supone una relación entre diferencias. Y esta relación entre diferencias –en una asimetría constitutiva– no supone superioridades e inferioridades, ni desigualdad jerárquica, sino que implica posiciones diferentes, que requieren un reconocimiento mutuo.

Cuando Kammerer propone pensar el lugar de padres y madres y otros referentes adultos como "prestadores de identidad", nos hace concebir este "prestar" como un acto en el cual los adultos se hacen cargo del "pago de una deuda" que los que llegan al mundo heredan por haber recibido la vida. Esta deuda es la humanización de la vida biológica, está hecha del entramado mismo de las funciones materna y paterna, es el sostén y es la posibilidad de alejarse, de perderse sin caer en el vacío, es protección y aventura, es lazo familiar y encuentro con otros ajenos, extranjeros. El pago de una deuda de vida que se recibe en un tiempo de la vida nos humaniza, pero es una deuda que no es eterna, encuentra su límite cuando el sujeto deja de esperar que otros paguen por él y se hace cargo de sí mismo.

Este lugar de adulto, de "prestador de identidad", puede ser ocupado por diferentes figuras –no sólo las parentales– que incluyen a maestros, profesionales, referentes diversos. Es un lugar complejo, desde donde se da y también se limita, se ofrece y se deja en libertad. Un lugar donde la relación con niños y jóvenes, con los "pequeños humanos" es, a la vez, una relación con la propia infancia, ya que ofrecerles un lugar supone reconocer un tiempo de infancia en uno.

Dice Graciela Frigerio: *Pensar las infancias significa estar dispuesto a pensar entonces el mundo de los adultos,* trabajar con niños exige siempre un trabajo de los grandes sobre sí (*que no suele ser mencionado*). *Es decir, un trabajo sobre sus/nuestras historias, sus/nuestros sueños, sus/nuestros miedos, sus/nuestras novelas familiares, sus/nuestros deseos (o ausencia de deseo) de ser madres o padres; o el modo y razones (o la ausencia de ellos) de ejercer no sólo la maternidad/paternidad sino algo más estructurante, al que los psicoanalistas llaman la* función materna *y la* función paterna: *algo que puede ejercer todo el mundo con independencia del sexo al que lo asigne su anatomía y del género con el que se identifique, algo que se ejerce sin que la procreación intervenga y que tiene que ver con el modo de asumir la adultez. Pensar a los niños exige pensar a los adultos. (...)* (2006: 322).

Desde esta perspectiva, infancia no es niñez, no son los pequeños niños o niñas sino que es lo que se pone en juego entre ellos y nosotros, en relación; el diálogo entre un adulto y "su" niño, la mirada sobre "lo nuevo" que no siempre nos animamos a sostener, el "acontecimiento" de aquello que nos transforma, la experiencia de "lo que viene". Tampoco es inferioridad, debilidad, imposibilidad. Infancia no es falta o carencia de lo humano, un estado primitivo que debe evolucionar y progresar hacia la adultez, de lo incompleto a lo completo, de lo inmaduro a lo maduro, sino que es la condición misma de lo humano, la que lo hace posible. Infancia es novedad, sorpresa, un comienzo siempre inédito, es estar en contacto con una parte que no nos pertenece del todo, con aquel o aquella que fuimos pero que no reconocemos, con un enigma que nos habita y del que no podemos saberlo todo **48** .

Dice Alexis, un personaje de Marguerite Yourcenar (1991): *Mi infancia, cuando la recuerdo, se me aparece como una idea de quietud al borde de una gran inquietud que sería después toda mi vida* (1991: 30). Infancia que es quietud y silencio, pero también es el esfuerzo por hacernos hablar, simbolizar; es aquello que pugna por decirse a lo largo de toda la vida y potencia la inquietud de la palabra, de la creación, de la música, de la escritura, de los lenguajes del arte. Sigue Alexis: *Cuando el silencio se instala dentro de una casa, es muy difícil hacerlo salir; cuanto más importante es una cosa, más parece que queremos callarla. Parece como si se tratara de una materia congelada, cada vez más dura y masiva: la vida continúa por debajo, sólo que no se la oye. Woroino estaba lleno de un silencio que parecía cada vez mayor y todo silencio está hecho de palabras que no se han dicho. Quizás por eso me hice músico. Era necesario que alguien expresara aquel silencio, que le arrebatara toda la tristeza que contenía para hacerlo cantar. Era preciso servirse para ello, no de palabras, siempre demasiado precisas para no ser crueles, sino simplemente de la música, porque la música no es indiscreta y cuando se lamenta no dice por qué. Se necesitaba una música especial, lenta, llena de largas reticencias y sin embargo verídica, adherida al silencio para acabar por meterse dentro de él. Esa música ha sido la mía. Ya ves que no soy más que un intérprete, me limito a traducir* (1991: 39).

La infancia no habla pero nos hace hablar, traducir, buscar las palabras, ensayar el diálogo, leer, escribir, crear, generar, enseñar; desde ella nos proyectamos como adultos y sigue siendo nuestra posibilidad de "algo nuevo" en el encuentro con uno mismo y con otros.

Seguimos aquí a diversos autores cuando afirman que infancia es el tiempo de la ausencia de palabras, allí donde la experiencia de la vida está por nombrarse, el territorio de "lo que no se habla", nunca pasa, se queda por siempre, es lo que "puebla el discurso".

Propone Lyotard: *Bauticémosla* infantia, *lo que no se habla. Una infancia que no es una edad de la vida y que no pasa. Ella puebla el discurso. Éste no cesa de alejarla, es su separación. Pero se obstina, con ello mismo, en constituirla, como perdida. Sin saberlo, pues, la cobija. Ella es su resto. Si la infancia permanece en ella, es porque habita en el adulto, y no a pesar de eso* (1997: 13).

La infancia –entonces– no está lejos sino muy cerca, nos habita, constituye nuestra posibilidad de discurso, sin que lo sepamos aunque muchas veces lo intuyamos en nuestra relación con niños y adolescentes.

Dice Kohan: *Infante es todo aquel que no habla todo, no piensa todo, no sabe todo. Aquel que, como muchos filósofos, no piensa lo que todo el mundo piensa, no habla lo que todo el mundo habla. (...) Es aquel que piensa de nuevo y hace pensar de nuevo. Cada vez por primera vez. El mundo no es lo que pensamos. "Nuestra" historia está inacabada. La experiencia está abierta. En esa misma medida somos seres de lenguaje, de historia, de experiencia. Y de infancia. En un cierto sentido, estamos siempre aprendiendo a hablar (y a ser hablados), nunca "sabemos" hablar de forma definitiva, nunca acaba nuestra experiencia en el lenguaje. Cuando creemos saberlo todo, nos hemos vuelto naturaleza* (2003: 275).

Cuando docentes, profesores, profesionales nos vinculamos con ellos desde este lugar –resonando a partir de la propia infancia y adolescencia– haciendo un "trabajo sobre uno mismo" reconocedor de ese tiempo, paradójicamente, se recupera una igualdad en tanto humanos mientras se acentúa una diferenciación de lugares.

Situarnos como iguales: adultos y niños/adolescentes, maestros y alumnos, implica reconocimiento, respeto y escucha, palabra "dada". Situarnos como diferentes: adultos y niños/adolescentes, supone hacerse cargo de un lugar de sostén, "prestador de identidad", pasador de cultura; implica asumir la responsabilidad de "hacer crecer", de proteger lo frágil que nace no sólo en niños y adolescentes, también en los adultos...

Es, probablemente, éste el desafío de la actualidad, de los adultos en las instituciones donde se recibe y alberga la infancia y la adolescencia –las escuelas, entre otras–: situarse como iguales y diferentes ante niños y adolescentes, trabajar con el pensamiento, la palabra y el relato en las relaciones con ellos, hacer posible un lugar simbólico para todo ser humano, habilitar ideas y vínculos con el semejante.

4.1.1. Una historia de palabras "dadas": "vivir dentro de una historia..."

Un escritor –Paul Auster– relata una historia de otro escritor – Franz Kafka–, acerca de la vida, la muerte, la infancia, las historias contadas, las pérdidas, su aceptación, una renuncia...

—Vale. Cuéntame ya esa historia.

—De acuerdo. Esa historia. La historia de la muñeca... Estamos en el último año de la vida de Kafka, que se ha enamorado de Dora Diamant, una chica polaca de diecinueve o veinte años de familia hasídica que se ha fugado de casa y ahora vive en Berlín. Tiene la mitad de años que él, pero es quien le infunde valor para salir de Praga, algo que Kafka desea hacer desde hace mucho, y se convierte en la primera y única mujer con quien Kafka vivirá jamás. Llega a Berlín en el otoño de 1923 y muere la primavera siguiente, pero esos últimos meses son probablemente los más felices de su vida. A pesar de su deteriorada salud. A pesar de las condiciones sociales de Berlín: escasez de alimentos, disturbios políticos, la peor inflación en la historia de Alemania. Pese a ser plenamente consciente de que tiene los días contados.

Todas las tardes, Kafka sale a dar un paseo por el parque. La mayoría de las veces, Dora lo acompaña. Un día, se encuentra con una niña pequeña que está llorando a lágrima viva. Kafka le pregunta qué le ocurre, y ella contesta que ha perdido su muñeca. Él se pone inmediatamente a inventar un cuento para explicarle lo que ha pasado. 'Tu muñeca ha salido de viaje', le dice. '¿Y tú cómo lo sabes?', le pregunta la niña. 'Porque me ha escrito una carta', responde Kafka. La niña parece recelosa. '¿Tienes ahí la carta?', pregunta ella. 'No, lo siento', dice él, 'me la he dejado en casa sin darme cuenta, pero mañana te la traigo'. Es tan persuasivo, que la niña ya no sabe qué pensar. ¿Es posible que ese hombre misterioso esté diciendo la verdad?

Kafka vuelve inmediatamente a casa para escribir la carta. Se sienta frente al escritorio y Dora, que ve cómo se concentra en la tarea, observa la misma gravedad y tensión que cuando compone su propia obra. No es cuestión de defraudar a la niña. La situación requiere un verdadero trabajo literario, y está resuelto a hacerlo como es debido. Si se le ocurre una mentira bonita y convincente, podrá sustituir la muñeca perdida por una realidad diferente; falsa, quizá, pero verdadera en cierto modo y verosímil según las leyes de la ficción.

Al día siguiente, Kafka vuelve apresuradamente al parque con la carta. La niña lo está esperando, y como todavía no sabe leer, él se la lee en voz alta. La muñeca lo lamenta mucho, pero está harta de vivir con la misma gente todo el tiempo. Necesita salir y ver mundo, hacer nuevos amigos. No es que no quiera a la niña, pero le hace falta un cambio de aires, y por tanto deben separarse durante una temporada. La muñeca promete entonces a la niña que le escribirá todos los días y la mantendrá al corriente de todas sus actividades.

Ahí es donde la historia empieza a llegarme al alma. Ya es increíble que Kafka se tomara la molestia de escribir aquella primera carta, pero ahora se compromete a escribir otra cada día, única y exclusivamente para consolar a la niña, que resulta ser una completa desconocida para él, una criatura que se encuentra casualmente una tarde en el parque. ¿Qué clase de persona hace una cosa así? Y cumple su compromiso durante tres semanas, Nathan. Tres semanas. Uno de los escritores más geniales que han existido jamás sacrificando su tiempo (su precioso tiempo que va menguando cada vez más) para redactar cartas imaginarias de una muñeca perdida. Dora dice que escribía cada frase prestando una tremenda atención al detalle, que la prosa era amena, precisa y absorbente. En otras palabras, era su estilo característico, y a lo largo de tres semanas Kafka fue diariamente al parque a leer otra carta a la niña. La muñeca crece, va al colegio, conoce a otra gente. Sigue dando a la niña garantías de su afecto, pero apunta a determinadas complicaciones que han surgido en su vida y hacen imposible su vuelta a casa. Poco a poco, Kafka va preparando a la niña para el momento en el que la muñeca desaparezca de su vida por siempre jamás. Procura encontrar un fin satisfactorio, pues teme que, si no lo consigue, el hechizo se rompa. Tras explorar diversas posibilidades, finalmente se decide a casar a la muñeca. Describe al joven del que se enamora, la fiesta de pedida, la boda en el campo, incluso la casa donde la muñeca vive ahora con su marido. Y entonces, en la última línea, la muñeca se despide de su antigua y querida amiga.

Para entonces, claro está, la niña ya no echa de menos a la muñeca. Kafka le ha dado otra cosa a cambio, y cuando concluyen esas tres semanas, las cartas la han aliviado de su desgracia. La niña tiene la historia, y cuando una persona es lo bastante afortunada para vivir dentro de una historia, para habitar un mundo imaginario, las penas de este mundo desaparecen. Mientras la historia sigue su curso, la realidad deja de existir.

Auster (2007: 159-161)

4.1.2. Infancia, palabra y experiencia. Esos otros lugares...

(...) experimentar significa necesariamente volver a acceder
a la infancia como patria trascendental de la historia. (...)

Agamben (2003: 74)

Decíamos que nuestro tiempo padece de "in-significancia", de ausencia de sentidos, de un proyecto identificatorio, de destrucción de la experiencia **49** . Ello supone a su vez, una pérdida de cierto lugar para la infancia, entendida ésta como lo inédito, lo que no habla pero hace hablar, lo que escribe en nosotros cuando escribimos, cuando vivimos dentro de una historia, como en el texto de Auster. En este relato, el ofrecimiento de una ficción imaginaria en torno a una pérdida (un relato hecho de cartas, una invención narrada que permite aceptar la pérdida) implica inscribir a la niña que perdió su muñeca en otra realidad, donde le sea posible vivir. Por su parte, el escritor –Kafka, en este caso– escribe desde su infancia y para la infancia de la niña, en el borde de la muerte y en la creación de vida para otro y para sí mismo. Con su escritura, hace de la muñeca (tal vez, la niña misma) un ser humano, regalándole una historia, le da algo a cambio sin colmarla, dejando abierto el espacio de una experiencia posibilitadora. Kafka y la niña comparten sus infancias, las ponen en relación a través de la palabra en forma de historia. En ese territorio, se encuentran.

En este sentido, infancia es potencialidad que da lugar a la palabra, es su apropiación, es silencio y búsqueda de palabras – como decía Alexis–, es el lugar mismo de la experiencia y de la historia –en términos de Agamben–. Infancia y lenguaje se remiten mutuamente, se juegan en torno a la experiencia. Ambos introducen la posibilidad del sujeto de narrar/se una historia y por ello, de inscribirse en una misma línea de filiación.

¿Por qué, en estos tiempos difíciles, muchos niños, niñas y adolescentes no pueden ser "mirados" como proviniendo de la infancia y en relación con la propia infancia? A menudo, en las instituciones educativas se los percibe ajenos, lejanos, radicalmente "otros", "ineducables", imposibilitados de palabras, absolutamente extranjeros, "externos". La infancia moderna se diluye a nuestros ojos, esa que los hacía reconocibles y que permitía anticipar su comportamiento, protegerlos, hacerlos obedecer, decir lo que se esperaba que dijeran, callarse... Nuestra mirada actual tiene dificultades para reconocerlos.

La modernidad –el aspecto prioritario del "progreso" moderno y todos sus cientificismos– produjo que la infancia se perdiera como experiencia, se asimilara infancia a etapa del desarrollo, a un momento de la vida limitado a una determinada edad cronológica, se la transformara en saberes apresables para la psicología del desarrollo, el método didáctico único, la pedagogía instructiva, la pediatría, la neurología infantil, etc. Como afirma Erica Burman: *La ciencia promete orden al medir al individuo por vía de las investigaciones de la infancia, y la metáfora de la comprehensión se convierte casi literalmente en un proceso de apoderamiento del misterio de la infancia por medio de nuevas técnicas. (...)* (1998: 7).

Medir la infancia, ubicarla en categorías, etapas, fases, desmenuzar sus componentes intelectuales, afectivos, psicosociales, definir su evolución normal o anormal, su educabilidad, asignar coeficientes intelectuales, diagnósticos psicopatológicos, edades mentales, madurativas, retrasos, etc. Se ha logrado cercar la infancia (y la adolescencia) entre los límites de un territorio que se cree controlar, a *esos seres extraños de los que nada se sabe, esos seres salvajes que no entienden nuestra lengua* (Larrosa, 2000: 165), el enigma de lo desconocido que habita en cada adulto, esa infancia que no pasa.

Así, nuestra mirada moderna sobre niños, niñas y adolescentes nos hace perder de vista –muchas veces– quienes ellos y ellas "son" o "van siendo": seres en tiempo de infancia y búsqueda de palabras, y nos obliga a ubicarlos en los moldes de la normalidad o la anormalidad, mientras que los tiempos contemporáneos hacen llegar niños, niñas y adolescentes a las escuelas en condiciones subjetivas diferentes a las esperables para la expectativa moderna.

Otros lugares para las infancias y adolescencias reclama nuestro tiempo. Otros lugares de adultos y de autoridad, a su vez. Es allí donde se hace indispensable una búsqueda de nuevas relaciones que hagan posible un encuentro, una experiencia y un reconocimiento entre generaciones. Encuentro que se ve habilitado cuando se recrea la mirada: viendo otros rostros en los mismos niños, niñas y adolescentes con que trabajamos todos los días; viendo a alguien en tiempos de infancia en "este" niño (que a veces percibimos tan ajeno y tan extraño), viendo a alguien en tiempos de adolescencia en "este" adolescente (que a veces asume lugares de adulto muy temprano).

Otro lugar para la infancia significa valorizar la infancia, no como imposibilidad sino como potencialidad, no como momento de pura dependencia sino de despliegue, como relación y punto de reunión para adultos y niños. Otro lugar para la adolescencia significa reconocerla como espacio de apertura y no de simple oposición al adulto, momento donde la palabra necesita hacerse efectivamente "propia", diferenciada, creadora de nuevos sentidos.

Garantizar que haya infancia y adolescencia –en estos sentidos– es apostar a preservarlas cada vez –aún cuando las realidades sociales las desmientan y haya niños, niñas y adolescentes que trabajan, se embarazan, forman "bandas", parezcan ya hombres y mujeres adultos (es decir, no se parezcan a los que tenemos en mente)–. Es asegurar las condiciones para que ese tiempo de constitución de la palabra exista y se despliegue.

Algunas ideas y figuras en torno a la palabra, que pensaremos a continuación, permitirán imaginar estas formas de hacer lugar –otro lugar– a infancias y adolescencias, a través de lo que denominamos "procesos de autorización" donde la palabra asume otros lugares también.

4.2. La escuela como espacio donde generar autorización: los "lugares de habla"

Lo que ha creado a la humanidad, es la narración

En relación a la conversación, Michel de Certeau dice: *músicas de sonidos y sentidos, polifonías de locutores que se buscan, se escuchan, se interrumpen, se entrecruzan y se responden. (...) El intercambio social demanda un correlato de gestos y de cuerpos, una presencia de voces y de acentos, marcas de pausas y pasiones (...) Necesita ese grano de la voz por el cual el locutor se identifica y se individualiza, y esta manera de lazo visceral, fundador, entre el sonido, el sentido y el cuerpo.* Dice también, acerca de las voces, que *una ciudad respira cuando en ella existen lugares de habla, poco importa su función oficial: el café de la esquina, la plaza del mercado, la cola en el correo, el kiosco de diarios, la puerta de la escuela a la hora de salida* (1994).

Los "lugares de habla" de una ciudad son espacios vivientes y habitables, donde es posible respirar, oxigenarse, palpitar, utilizando la palabra como "aire", que permite hacer circular diferentes significaciones. Es posible que existan muchos lugares donde se habla, pero no en todos ellos se respira ni la palabra que se dice es condición de vida humana. Podríamos decir que no todo lugar donde se habla es un "lugar de habla".

En este sentido, la escuela es un posible "lugar de habla", que se hace habitable o no de acuerdo a los diversos modos en que en ella se habla y se hace circular la palabra. Todo depende de los lugares que ocupan quienes la toman, los espacios que se abren o se cierran en ese momento, las formas de enseñar, los objetos en torno a los cuales se enseña.

Un "lugar de habla" es aquel donde no importa completamente la certeza de lo que se dice sino cómo se dice, la espontaneidad con que el espacio puede vivirse hablando y escuchando para que algo ocurra allí. Es un lugar donde la palabra circula horizontalmente, en numerosos sentidos (como "polifonía de locutores"), no en forma vertical: de "arriba para abajo" o radial: desde uno de los hablantes hacia todos los demás y viceversa (como suele ocurrir entre un docente y sus alumnos cuando los conocimientos son "hablados" sólo desde el docente).

Como ocurre en una conversación, en un "lugar de habla" no se teme a la equivocación sino que se improvisa, se arriesga, se habla pensando y se piensa hablando. Es también un lugar donde la escucha no se halla totalmente condicionada a la espera de la palabra justa, cierta, portadora del saber verdadero "ya sabido", de la norma ya hecha. La conversación en el "lugar de habla" supone – a menudo– el discurrir incierto, ficcional, provisorio, momentáneo, poético: el hacer de la palabra y del diálogo con otros, una experiencia.

Gadamer dice que llevarse una palabra a la boca no es utilizar una herramienta, sino *situarse en una dirección de pensamiento que viene de lejos y nos desborda. Pronunciar una palabra es situarse, entonces, en los rastros que trae y en los caminos que abre* **51** , más que apropiarse de ella es viajar con ella, o permitir que el pensamiento se desplace de idea en idea, de un sujeto a otro, de un tiempo o espacio a otro tiempo y espacio, de un texto a otro.

¿Cómo habilitar, entonces, "lugares de habla" hoy en las escuelas? ¿Cómo pensar formas de circulación de la palabra que "hagan lugar" a los sujetos, tal como éstos "van siendo"? Delinearemos cuatro figuras de circulación de la palabra que permiten reconocer estas formas posibles: palabras que transportan, palabras que traducen, palabras que autorizan y protegen, palabras que se superponen.

4.2.1. Palabras que transportan

Todo relato es un relato de viaje –una práctica del espacio–

De Certeau (1990: 171)

En el libro ya citado de Michel de Certeau, en el capítulo "Relatos de espacio" nos cuenta que *En Atenas de hoy, los transportes en común se llaman* metaphorai. *Para ir al trabajo o volver a la casa, se toma una "metáfora" –un colectivo o un tren–. Los relatos podrían igualmente llevar este bello nombre: cada día, ellos atraviesan y organizan los lugares; los seleccionan y los enlazan; hacen frases e itinerarios. Recorridos de espacios.*

En este sentido, las estructuras narrativas tienen valor de sintaxis espaciales. Con un abanico de códigos, conductas ordenadas y controles, regulan los cambios de espacio (o circulaciones) efectuadas por los relatos bajo la forma de lugares puestos en series lineales o entrelazadas (...) con una sutil complejidad los relatos, cotidianos o literarios, son nuestros transportes en común, nuestros metaphorai (1990: 170).

A menudo las palabras sirven para fijar identidades, espacios, tiempos, actividades, valores y disvalores, situaciones de vida, privilegios, poderes, razones, saberes, dividen lo que vemos haciéndonos percibir una realidad segmentada en el que cada uno/a tiene supuestamente su lugar, su rol, sus productos para consumir, su función social, su inteligencia, su capacidad. Son palabras que no transportan.

Sin embargo, las palabras pueden ser concebidas como *metaphorai*, como transporte entre lugares –e incluso como caminos hacia lugares aún desconocidos– y no marcas de identidades fijas o etiquetas. Una confianza instituyente entre nosotros, seres parlantes, entre niños, jóvenes y adultos, permite que las palabras nos transporten adonde ellas quieran. Como dice Cornu, una confianza que es un a priori de la relación entre maestro y alumno, que la instituye y se va haciendo en el *saber escuchar y saber decir, comprender las preguntas y saber decir los límites, de dirigirse a. Así como la desconfianza es contagiosa, la confianza es recíproca, corre el riesgo de construirse, como un primer paso: el ejercicio confiado de la autoridad está por inventarse* (2003: s.p.). Es la confianza del maestro ignorante, que ignora lo que enseña, pero también ignora la desigualdad del alumno, lo define igual en su potencialidad de conocer y confía, lo habilita para leer el texto por sí solo y lo convoca a un trabajo insistente para hacerlo. Este maestro no se queda con lo que ve, interrumpe lo habitual de la desigualdad, descree de la división establecida entre los que saben y los que no y dirige su palabra para crear un nuevo orden de cosas. En este sentido, las palabras como *metaphorai* llevan a los sujetos a nuevos lugares al ser dichas y escritas fuera del tiempo y de los espacios donde generalmente se dicen.

Una escritora relata su experiencia como autora de un libro de cuentos junto con niños ciegos. Sorpresivamente, el diálogo de esta "autoridad literaria" con niños y niñas no mirados en tanto niños "discapacitados" sino como niños, le permitió abrir nuevos sentidos que su condición de persona vidente no le permitía reconocer, haciendo que las palabras trastoquen los lugares, transporten a estos niños al lugar de "saber acerca del mundo" desde su propia perspectiva, autorizándolos. Cuenta la autora: *También les enseñaba escritura creativa, y enseguida noté algo sorprendente: a través de su escritura me resultaba imposible reconocer que eran ciegos. Usaban imágenes visuales y describían las cosas como si las hubieran visto. Pronto comprendí que estaban reproduciendo lo que habían leído y escuchado. Mi primera tarea consistió en pedirles que se olvidaran de las imágenes visuales, en animarlos para que escribieran desde sus propias experiencias. Los llevé a nadar y les dije que describieran desde sus propias experiencias. Los resultados fueron asombrosos. Por ejemplo, un chico describió que la marea llega "en franjas", lo cual me pareció fantástico. De hecho, cuando estamos dentro del mar, sentimos que el agua llega a nosotros "en franjas", pero jamás pensamos en ello porque las imágenes visuales son demasiado fuertes. (...) En la novela, cuando Laura entra a un "sitio salvaje", les pregunté cómo describirían ese sitio. Ellos dijeron que el sitio salvaje era un lugar desnudo, un lugar donde no hubiera nada que tocar. Esto fue revelador para mí. Yo hubiera pensado que el lugar salvaje era una jungla, pero para ellos, estar perdidos en el lugar salvaje significaba encontrarse rodeados de la nada, estar en una especie de desierto* (Doherty, 2002: 9).

Así, autorizados como "conocedores" de un mundo percibido de otra manera, son los alumnos ciegos quienes ofrecen a su maestra los sentidos de "otros mundos posibles". Ser no vidente es aquí un rasgo no significado como discapacidad, sino como diferencia (la posibilidad de percibir prioritariamente a través de otros sentidos). Para ello, fue necesario que la maestra se arriesgara a mirar diferente, a escuchar diferente, a no naturalizar un mundo sólo visual, a dejarse sorprender habilitando a estos niños a reconocerse a sí mismos en su saber y escuchándolos.

Se abre así una dimensión política, democrática de la palabra – dicha, escrita, leída–, cuya legitimidad implica su horizontalidad; si las palabras son propiedad de todos –si nadie se adueña de ellas– pueden darle forma a las más diversas lecturas, escrituras, diálogos, colocando a los sujetos en un lugar diferente del que habitualmente ocupan, transportándolos en un movimiento de "autorización".

Autorizarse a sí mismo es, probablemente, parte de un proceso de subjetivación que requiere de la construcción de un espacio propio, no cerrado sino permeable, poroso, atento a lo que viene del otro y a la vez diferenciado. La autorización se da cuando otro ha habilitado, de alguna manera, la construcción de ese espacio, ha prestado imágenes para identificarse, palabras y gestos para compartir, pero a la vez, ha dejado un vacío, un no saber ni poder todo, un interrogante abierto en relación a sí mismo y al otro, un lugar singular que sólo quien se autoriza puede habitar. La autorización es hacer propia una palabra que también se comparte y se recrea con otros, pero que genera responsabilidad por ser propia, por exponer al sujeto en su singularidad.

Por esto, autorizar a otros es otorgar responsabilidad, acompañar y dejar solos, aportar un saber ser y saber hacer que niños y jóvenes no han desplegado todavía pero que podrán asumir (puede tratarse de una reparación o de un aprendizaje, de forma implícita o explícita). Autorizar a otros puede partir de un ofrecimiento institucional de lugares a ocupar, reconociendo en niños y jóvenes figuras de autoridad en el terreno de lo cultural y de la palabra (por ejemplo, en la escritura, música, danza, artes plásticas, cine, etc.). Sin este movimiento continuo de autorización, impulsado desde la institución y la autoridad, se corre el riesgo de promover sujetos dependientes y heterónomos que no descubren en sí mismos las posibilidades singulares que los constituyen.

4.2.2. Palabras que traducen

...texto, telar, relato: una misma palabra en la inversión natural de sus sonidos

Jabés (1991: 367)

Este encadenamiento, este tejido, es el texto que no se produce a no ser en la transformación de otro texto. Nada (...) está, jamás, en cualquier lugar, simplemente presente o simplemente ausente. No existe, en ninguna parte, más que diferencias y rastros de rastros.

Derrida (2001:32) **52**

En un taller de poesía con alumnos de un primer año, un alumno de 13 años elige una poesía que le gusta en una actividad propuesta por su profesora. En la biblioteca, alrededor de un conjunto de libros de poesía que el grupo recorre azarosamente, explora en libertad, él la elige porque "le gusta", porque habla de "las niñas", dice, porque es "repiola" y "me hace entender lo que piensan las chicas, cómo sienten, cómo aman a los chicos..." Cuando le piden que hable sobre el significado de la poesía, afirma: "no se entiende esta poesía". El lenguaje poético ha traducido para él pensamientos que lo mueven a leer, a entender a "las niñas", a disfrutar de las palabras, a hacer experiencia con ellas, aunque crea que aún no puede decirlas por sí mismo ni ofrecer su propia traducción. Su profesora apuesta a seguir trabajando, más adelante podrá hacer su propia "traducción" si los espacios para leer, hablar, pensar continúan ofreciéndose **53** .

Otra alumna, en un colegio nocturno, se resiste al trabajo con los textos, no habla, no participa, se opone al trabajo de su profesora, la desafía con su silencio y su gesto, ésta elige finalmente un texto de Castillo que relata una historia de vida cruel, descarnada, de jóvenes a la intemperie, de soledades, lo lee para el grupo y no explica nada. Ante la sorpresa de la docente, la alumna comienza a hablar, a desplegar su experiencia, su pensamiento, su propia lectura del texto y se hace así posible un diálogo entre pares, docente-alumna, en torno al dolor y al desamparo. Una traducción posible tuvo lugar cuando otro texto –el del escritor– tocó la experiencia de la joven, no expresada hasta el momento.

Pensar, decir, esforzarse por comprender o hacerse comprender, traducir, adivinar, volver a traducir de otra manera, son operaciones de la inteligencia, del aprendizaje y de la enseñanza que no siempre se ven habilitadas en la escuela porque la exigencia de la lógica de la certeza y de los mundos divididos entre seres supuestamente muy diferentes (maestros que saben, alumnos que no saben, buenos y malos alumnos) establece otras maneras del conocer, confirmadoras de un orden de desigualdad. Los rasgos que nos reúnen en tanto seres hablantes atañen a alumnos y a docentes, a niños, jóvenes y adultos, a sujetos con experiencias y condiciones de vida muy diferentes; es lo que nos coloca en posición de igualdad, aquello que desarticula superioridades e inferioridades, aunque temporariamente algunos enseñen y otros aprendan.

Otro grupo de alumnos de una escuela nocturna es convocado a hablar de "su lugar" **54** : escriben sobre los más diversos lugares, los espacios físicos y los simbólicos. Sus profesores los conducen a pensar, dialogar, investigar sobre el lugar de los jóvenes en la ciudad, en el barrio, en la casa, en la escuela, el lugar que se gana y el que se recibe, el lugar que se tiene para un amigo o amiga, el que se da en el amor. También, los lugares que se obtienen a través de prácticas políticas, organizándose con otros, los que deben reclamarse en el espacio social y político, los lugares que debería garantizar el Estado, etc., etc. Cada uno ofreció su propia traducción, articuló su palabra en torno a un objeto común que no fue "tematizado" desde fuera, como algo ajeno, sino construido al interior de la experiencia de buscar las palabras para dar cuenta de un pensamiento. Los efectos fueron diversos, siguen aún haciendo eco, resonando en cada espacio de la escuela.

Traducir no sería así suponer una verdad esencial que sólo de una manera única puede recubrirse de palabras. No hay traducción de una verdad a un texto, sino siempre pasaje de un texto a otro texto. En ese sentido, la traducción es imposible. No hay un solo texto a ser traducido. Pero aun cuando sea imposible, no podemos hacer otra cosa más que traducir, es decir, intentar, esforzarnos por decir, hacernos lugar con la propia voz, darle una forma posible, apropiarse de esa palabra traductora. No hay un secreto a develar cuya traducción sería la palabra de la autoridad de quien sabe.

Una autoridad pedagógica hoy es aquella que comprende que no hay un solo modo de decir, que la traducción única y "verdadera" no es posible, que sólo se puede hacer el esfuerzo de hablar cada vez, cada conocimiento como una lengua y, en ese mismo momento, aprenderla, apropiarse de ella como un pequeño niño se apropia de su lengua materna.

Para Larrosa (2003) la traducción es una operación vinculada con la condición babélica del lenguaje, esto significa que no hay "el" lenguaje en un sentido unitario, no hay "una" manera de hablar sino que hay experiencias de lenguaje (de lecturas, escrituras, diálogos, monólogos, polifonías) diversas y problemáticas, siempre en tensión, en estado de confusión y dispersión. En este sentido, la traducción no es solamente entre lenguas sino al interior de la misma lengua, entre sujetos que se hablan desde diversos lugares, posiciones, mundos simbólicos, grupos sociales, ideologías, géneros, edades, etc.

Babel atraviesa cualquier fenómeno humano de comunicación, o de transporte o de transmisión de sentido. (...) Lo que ocurre es que existen distintas actitudes ante Babel, ante el significado del hecho "Babel", ante el escándalo o la bendición de Babel, ante lo remediable o lo irremediable de Babel, ante la radicalidad y el alcance de la condición babélica de la palabra humana (Larrosa, 2003: 84).

Así, que un alumno no hable lo que se espera, que no sepa o no quiera decir, que utilice otras "lenguas", a veces "escandalosas" por lo disrruptivas, nos remite a esta condición babélica. No es un obstáculo, no es imposibilidad, ausencia de lenguaje o ignorancia absoluta. La lengua escolar, a veces, no acepta esta condición babélica, se pretende única y sólo ella verdadera. Y espera respuestas prontas. Una autoridad pedagógica puede comprender que no es así y asumir la "bendición de Babel" para articular (traducir) lenguas desde allí. Ello supone reconocer y asumir en positivo la diversidad que nos caracteriza, en tanto humanos, no como problema o impedimento sino como condición y oportunidad.

4.2.3. Palabras que protegen y autorizan...

Autoridad, hospitalidad: a los lugares de garantes, la invitación democrática de hacer
lugar: velar porque la morada sea habitable y receptora de los nuevos bajo la ley.

Cornu (2003: s.p.)

Como lo desarrolláramos en el capítulo 1, el origen latino del término *auctoritas*, *auctor augere* se refiere al autor, en el sentido de alguien que está en el origen y es causa, pero también que habilita el aumento, el crecimiento (*augere*: aumentar), un despliegue de lo que nace a partir de allí, de lo que comienza a acontecer a partir del origen. Es la potencia de origen que funda a la autoridad y que, a su vez, funda lo que nace con la autoridad, lo que se desarrolla a partir de su ejercicio. En este sentido, no es el autoritarismo, ni obtener obediencia y una respuesta obligada del otro, lo que caracteriza el ejercicio de la autoridad sino su capacidad para aumentar constantemente lo fundado. El *auctor* sería así un "aumentador", aquel que sostiene, permite, habilita, genera un crecimiento y no tanto el artífice –creador y dueño– de aquello que origina. Hablamos entonces de la autoridad –y sobre todo de la autoridad pedagógica– en relación con una transmisión pensada como movimiento que funda y hace crecer sin "copia fiel", atento a sostener lo nuevo que nace en un espacio que es, a la vez, de libertad.

Dice Cornu: *La autoridad se significa, pero no sólo (ni necesariamente) en símbolos de poder y solemnidades sin réplica, sino en palabras dirigidas, y no solamente conminatorias, palabras que dicen el sentido de un espacio habitable* (2003: s.p.). Decir el sentido... si, como decíamos, es posible que sea el sentido lo que hoy no sabemos cómo decir y, por lo tanto, crear, también es posible que la crisis de la cultura escolar sea en sí misma una crisis de autoridad. A la escuela y sus dificultades nos llevan infinidad de descripciones de instituciones que no son ya garantes de procesos sociales humanizadores, como lugares de desinstitucionalización, de desautorización, de ausencia de "alguien que se haga cargo" porque se han perdido las referencias tanto para jóvenes como para adultos. No es posible, entonces, dejar de interrogarnos por la autoridad allí, por lo que ya no está garantizado y lo que podría garantizarse, una autoridad reformulada. Si la autoridad puede encarnar la causa de la interrupción de un orden de desigualdad, para *proteger lo frágil*, es porque hay nuevas posibilidades de proteger la vida, en general, tanto de jóvenes como de adultos.

No se trataría de una protección de niños, niñas y adolescentes, con la modalidad moderna, pensándolos "menores" (sobre todo a los más pobres), incapacitados, incompletos, dependientes, "inferiores", objeto de tutelaje. Lo que habría que proteger es algo en común, "entre infancias y adolescencias", la de ellos y lo que de ellas habita en nosotros, adultos.

Nos vuelve a decir Michel de Certeau que las palabras protegen, que las escrituras tienen la finalidad de proteger la piel, el cuerpo y el encuentro entre cuerpos en el espacio social. Mientras los seres vivientes somos introducidos en textos, "hechos texto", nos vemos protegidos por la "ley" **55** .

Todo poder, incluido el del derecho, se traza ante todo sobre la espalda de sus sujetos. El saber hace otro tanto. (...) Podría suponerse que los pergaminos y los papeles están en el lugar de nuestra piel y que sustituyéndola, durante los períodos felices, forman alrededor de ella una protección. Los libros no son más que las metáforas del cuerpo. Pero en los tiempos de crisis, el papel no alcanza ya a la ley y es sobre el cuerpo que se traza de nuevo (1990: 207). Una ley que se inscribe metafóricamente por el grupo social a través de la palabra y la escritura, protege, reconoce, da un nombre, ofrece sentido, un mundo simbólico a compartir, una historia donde reencontrarse.

Una ley-palabra traducida en reconocimiento y confianza, que es ley humana porque funda e instala un trabajo de humanización, de acompañamiento, de ofrecimiento de lugares para transitar, para quedarse y renovar desde allí. Una ley-palabra que da sentido a un mundo común de lo humano, relacionando y separando espacios, dando un marco continente, limitante, ordenador –no controlador– a la vez que productor de subjetividad.

Una ley-palabra que no sólo concede, sino que a la vez, delimita, prohíbe y habilita, ordena, estructura y subjetiva. La ley pensada en términos fundantes de lo humano, como ley simbólica estructurante es una ley que opera como límite, como borde de un espacio para la construcción de lazos y encuentros, para la sublimación y la acción creadoras. Es ley que inhibe y que permite, que frustra y satisface, que habilita lugares, psíquica y políticamente hablando, para la palabra y la subjetivación.

Es así que esta ley-palabra no tiene que ver con códigos o reglamentos, saberes establecidos y cristalizados, textos ya definidos por fuera de la experiencia, externos, a ser acatados, cumplimentados, aprehendidos desde fuera, sino que esta palabra que circula como ley es traducción de un pensamiento conjunto que se hace texto y genera sentidos para quienes allí hablan.

La autoridad pedagógica hoy puede hacerse cargo de entramar esta ley simbólica que es del orden de la palabra, probablemente en contra de lo que culturalmente se impone, rechazando las insignificancias, la neutralidad, la ruptura del lazo, lo que tiende a des-simbolizarse.

Numerosas experiencias singulares, en cada escuela, tal vez no institucionalizadas, dan cuenta de este ejercicio de la autoridad: tutores que escuchan y dialogan con alumnos sobre sus dificultades en la escuela y fuera de ella, que orientan en el estudio y la vida, ofreciendo una organización espacio-temporal para ayudar a "situarse" e invitar al trabajo y el esfuerzo de alumnos y alumnas muy diversos. Directivos que propician espacios de debate entre alumnos delegados, tutores y docentes para pensar en conjunto una convivencia diferente, más democrática y consensuada. Profesionales que promueven reuniones de docentes para pensar sus prácticas, compartir preocupaciones, armar proyectos más allá de la tarea concreta en el aula o, justamente, para pensarla de otro modo. Profesores que habilitan lenguajes diversos –artísticos, científicos, filosóficos– como herramienta de la imaginación, desde donde aprender y enseñar.

4.2.4. Palabras que se superponen, otras temporalidades

"Ellos no saben, no pueden, no leen, ni saben hablar", *"viven en la cultura de la imagen y eso los ha dejado sin palabras"*, *"se relacionan pegándose, insultándose, jugando de manos, no dialogan"*, *"no quieren hacer el esfuerzo de pensar o elaborar, con apretar un botón tienen todo listo y creen que investigar es eso, traer todo lo que encuentran en internet sin saber de qué se trata"*, *"nosotros teníamos otra conciencia de lo que era leer, escuchar, entender un texto; estos chicos viven en un mundo de imágenes"*. Estas frases suelen escucharse con frecuencia, en las reuniones docentes; sin embargo, puestos a pensar acerca de lo que sí pueden estos jóvenes hoy y lo que ellos pueden como docentes, son numerosas las situaciones en que la palabra es buscada, dicha, pensada, leída, inventada si se generan las condiciones para ello, si con esas palabras se crea un sentido que hace lugar a los sujetos. Es el ejemplo de los "noveles escritores" que, contra todos los

pronósticos, a partir de un taller de poesía ofrecido por sus profesoras, escriben y publican sus propios poemas. O de otros jóvenes que hacen una radio en la escuela y organizan autónomamente sus actividades con un profundo respeto entre sí (contradiciendo situaciones anteriores). Son los jóvenes inmigrantes bolivianos y peruanos que no hablaban y comienzan a hacerlo después de ver con su profesora una obra de teatro sobre la inmigración a nuestro país en el siglo XIX, es la adolescente que dialoga con su profesora cuando se conmueve con los relatos de Abelardo Castillo; son las palabras de tantos adolescentes que parecen no tener palabras y sin embargo...

Hay momentos, en las escuelas, que parecen instalar otra temporalidad. Tiempo del orden de lo virtual o de la "apariencia". Ficciones de lo real. Una temporalidad diferente que se actualiza ahora. Hay algo de la percepción del tiempo lineal pasado-presente-futuro que se desarticula, una discontinuidad que ya no supone un futuro mejor que algún día llegará, no persigue horizontes lejanos, no busca sustituir el presente, rompe con la oposición presente-futuro ("algún día llegará, lo que hoy no es") y con la fijeza de la categoría. Es un tiempo que escapa a la idealización de lo que debe completarse para cambiar lo real y actual rechazado. Un tiempo del "aquí y ahora" que no colma sino que despliega, que no cierra sino que abre y que se constituye "en acto". Hay algo del trabajo de un dramaturgo o cineasta: imaginando, montando escenas, inventando ficciones, creando novedades, produciendo acontecimientos, y dejándose producir por ellos, allí donde la desigualdad persiste en el orden social habitual.

Hemos visto en capítulos anteriores que el tiempo humano no se despliega en términos lineales y "esencialistas", que en el orden de lo real presente, un principio, un axioma de igualdad, puede perfilarse modificando la partición de lo sensible dada, y este movimiento en sí mismo, contemporáneo y actual, instituye ya otras condiciones para la transformación de la desigualdad. *Lo virtual, o lo que Rancière llama también a veces la apariencia, es lo que permite quebrar la oposición entre lo utópico y lo real, entre el porvenir y el presente. Designa una escena, un teatro donde hay lugar para lo que era impensable según el orden policial, donde se hace "como si"* (Cohen, 2004: 29), *la política es la constitución de una esfera teatral y artificial* (Rancière, 2000) donde lo real es atravesado por un principio que no puede tener lugar más que en lo real mismo recreando lo que se supone que es. Es una "puesta en acto" de algo diferente que no puede instituirse como realidad más que temporariamente, de manera incompleta y frágil, pero con la potencia de lo que "da a ver" otro orden que parecía imposible, un mundo adentro de otro mundo.

Volvemos a pensar en las experiencias donde alumnos supuestamente "imposibilitados" de casi todo, pueden, crean, leen apasionadamente un libro, escriben acerca de sí mismos, aprenden, asumen responsabilidades, pintan, juegan, se vinculan sin violencia, se apropian de una palabra.

El trabajo que demanda la escuela, entonces, a partir de pensar este otro tiempo, es el de poner en marcha procesos de palabras dichas en igualdad con otros, procesos de subjetivación, que se efectúan en la actualidad, se verifican hoy mismo "a contramano" de los hechos "reales" (como si los desmintieran al poner en duda "lo evidente") y no como discurso de verdad de ningún sabio.

Trabajo de subjetivación, individual y política, que no cesa de producirse y nunca se instala, que se distancia del orden social instituido y es producido por un orden simbólico, discursivo, reconstituyente de la partición de lo sensible, estético, literario, artístico.

Este trabajo supone asimismo, una labor de historización, en palabras de Nicastro: *La escuela recrea en su cotidianeidad, expresa y pone en escena historias comenzadas por otros; historias de otros tiempos, que cada uno porta. Desde allí, cada uno que se incorpora a la escuela se incorpora en un determinado devenir* (Nicastro, 2006: 154). Con frecuencia este devenir aparece desmentido: o todo es puro presente por un pasado negado y un futuro no imaginado, o todo es pasado que arrasa la actualidad y la posibilidad de "inventarse" a partir de nuevas condiciones sociales, históricas, políticas. En palabras de Nicastro hay al menos dos rasgos de las organizaciones que pueden revisitarse a fin de reubicar un tiempo humano, *el avasallamiento del pasado sobre el presente* y *el aplastamiento de la memoria, en el cual queda vulnerada la posibilidad de transmisión* (2006: 155).

En el territorio de lo educativo, podríamos materializar este tiempo histórico recuperando lo que del pasado hace hoy que la institución sea la que es y lo que se puede imaginar para el futuro. Inscribirla en una temporalidad emancipatoria que no desmienta su historia y que apueste a transformarla desde un presente proyectado en el futuro. Se trata de desplazar lo que viene siendo dicho como imposibilidad o como puro activismo sin historia: "antes se podía educar, hoy no", o bien "hay que hacer cosas igual, sea como sea, sin mirar para atrás", para que otra cosa sea dicha y hecha.

Crear escenas que hagan posible lo que parece imposible. Escenas virtuales que sin embargo, no son ilusorias. Convocar (a quienes están allí, no a otros alumnos imaginarios e ideales) a leer, a hablar, a escribir, a reformular nuevas normas para la convivencia, a vincularse con el contexto, a proyectarse en el futuro en "identidades" que aún deben construirse. Son escenas de desidentificación porque abren el juego a sujetos que aún no están pero que se irán constituyendo, a los que no se reconoce habitualmente allí: profesores y alumnos que hablan como iguales, profesores y alumnos que juegan un mismo juego, profesores y alumnos que toman las palabras de un saber-poder alternativamente. Escenas donde se superponen palabras inéditas a las que habitualmente se pronuncian y al hacerlo, abren nuevas posibilidades. Escenas hechas fundamentalmente de palabras que se van desplazando de un texto a otro texto.

Recorrimos hasta aquí caminos que van del ejercicio de la autoridad del adulto a la autoridad de la palabra y de ésta a lo que denominamos "autorización", ese movimiento que habilita, responsabiliza, conduce a asumir una voz propia y un lugar simbólico. Decíamos que es este el desafío de este tiempo en que corremos riesgo de des-simbolización de los espacios, de biologización de la vida, de naturalización del mundo humano.

Este recorrido supone:

Volver a pensar lo que implica la palabra "dada": no la que explica sino la que se dirige a otros y, a la vez, hace lugar a la palabra de cada niño, niña, adolescente, alumno o alumna. Ni una ni otra ocupan todo el espacio... El lugar de la autoridad revisitado, los lugares de la infancia y la adolescencia preservados.

Concebir a la palabra y sus formas de circulación en la escuela como fundantes de subjetividades y de las relaciones intersubjetivas. Una manera de reconstruir el lugar del semejante que estos tiempos diluyen.

Estas formas implican que la palabra se enlace a la de otros a modo de testimonio, porque:

- *Genera movimiento, renovación de identidades, proyectos identificatorios singulares y comunes. Es como decir: "algo de esto que me pasa, nos pasa a todos, es un problema o una historia de todos que yo relato en este momento" (tanto en la transmisión del conocimiento como en cuestiones de la convivencia escolar).*

- *Produce significaciones y traducciones diversas al interior de una red de significaciones comunes. "Diciéndome recompongo simbólicamente mi lugar –lo que me es propio– y, a la vez, me enlazo en un decir común".*

- *Promueve encuentro de sentidos desde el interior de la experiencia con otros (no como textos externos y ajenos). "Soy yo y es mi experiencia lo que está en juego, aprendiendo, conviviendo. No son palabras que vienen externamente a imponerse".*

- Nos arranca de la impotencia actual, recreando escenas, superponiendo un mundo de lo posible al que parece imposible. Como si desde el lugar de autoridad dijéramos: "Si te doy la palabra es para que asumas el lugar que te merecés, que tendrías que tener, es tu derecho, tu responsabilidad, tu posibilidad".

Notas

[46]. En su libro *No me hubiera gustado morir en los 90* (2006).

[47]. Dice Bleichmar: *La posibilidad de pensar deviene entonces una tarea mayor en el proyecto de rescate de la infancia y en la resistencia a la des- subjetivación, a la cual pareceríamos condenados si nos limitamos a paliar las condiciones existentes* (2006: 163).

[48]. Frigerio (2006: 333) concibe un "juego de muñecas rusas" en las que alude a un conjunto de figuras, doce presencias –relaciones– simultáneas, entre niños y adultos, que se remiten mutuamente: el niño en el adulto, el niño para el adulto, el niño del hombre, el niño para el hombre, el niño para el niño, el adulto del niño, el adulto para el niño, el adulto en el niño, la institución del niño, el niño para la institución, el niño en la institución, la institución y el niño.

[49]. Para profundizar el concepto de "experiencia" en este sentido remitimos al texto de Giorgio Agamben (2003) y a los textos de Jorge Larrosa (2003).

[50]. Janet Pierre. *L'évolution de la mémoire et la notion du temps.* 1928, p. 261. Frase citada por M. de Certeau al comienzo del capítulo IX de *L'invention du quotidien.*

[51]. Citado en Larrosa, J. y W. Kohan (2003: 42).

[52]. Citado en Skliar y Frigerio (2005). *Huellas de Derrida.* P. 91.

[53]. Este proyecto "Taller de Lectura" se viene desarrollando en una escuela pública de la Ciudad de Buenos Aires, desde 2004, bajo diferentes formas, buscando siempre modalidades diferentes de desplegar las palabras de los alumnos, lo que lo ha hecho transformarse desde su inicio.

[54]. Comentamos ya esta experiencia en el capítulo 3.

[55]. Nos referimos aquí al concepto de ley simbólica que denominamos como "ley-palabra", véase Greco (2005).

Reflexiones finales que vuelven a abrir el debate

"¿Qué debemos hacer con nuestras imaginaciones?"

Relata Agamben que, para él, los seis minutos más bellos de la historia del cine son aquellos en que *Sancho Panza entra en un cine de una ciudad de provincia. Viene buscando a Don Quijote y lo encuentra: está sentado aparte y mira fijamente la pantalla. La sala está casi llena, la galería –que es una especie de gallinero– está completamente ocupada por niños ruidosos. Después de algunos intentos inútiles de alcanzar a Don Quijote, Sancho se sienta de mala gana en la platea, junto a una niña (¿Dulcinea?) que le ofrece un chupetín. La proyección está empezada, es una película de época, sobre la pantalla corren caballeros armados, de pronto aparece una mujer en peligro. Inmediatamente Don Quijote se pone de pie, desenvaina su espada, se precipita contra la pantalla y sus sablazos empiezan a lacerar la tela. Sobre la pantalla todavía aparecen la mujer y los caballeros, pero el rasgón negro abierto por la espada de Don Quijote se extiende cada vez más, devora implacablemente las imágenes. Al final, de la pantalla ya no queda casi nada, se ve sólo la estructura de madera que la sostenía. El público indignado abandona la sala, pero en el gallinero los niños no paran de animar fanáticamente a Don Quijote. Sólo la niña en la platea lo mira con desaprobación.*

¿Qué debemos hacer con nuestras imaginaciones? Amarlas, creerlas a tal punto de tener que destruir, falsificar (este es, quizás, el sentido del cine de Orson Welles). Pero cuando, al final, ellas se revelan vacías, incumplidas, cuando muestran la nada de la que están hechas, solamente entonces pagar el precio de su verdad,

entender que Dulcinea –a quien hemos salvado– no puede amarnos (2005:123).

En tiempos de in-significancia abundan las escenas –"los hechos que pasan"– aunque sus sentidos se hallen casi perdidos, cuestionados, caídos, interrogados. Contamos con imágenes, aunque tal vez ya no creamos del todo en ellas, ya no las amemos con tanto convencimiento ni las defendamos falsificándolas, es decir, inventando nuevas formas. Es allí donde el lugar de la autoridad tambalea y pierde su capacidad fundante, su potencia para "hacer crecer" y proteger lo nuevo.

En tiempos de in-significancia hay mucho trabajo por hacer en los lugares de encuentro entre generaciones (por ejemplo, las escuelas), a menudo, a contramano, a contracorriente del consumismo imperante, la palabra en retirada, el lazo disuelto, la historia silenciada, el vacío de "imaginaciones amadas".

En el territorio de la educación y la escuela advertimos que una autoridad está por construirse, muchos maestros/as y profesores lo intentan en el cotidiano escolar, trabajando consigo mismos, en el espacio íntimo de su singularidad y en el compartir colectivo con sus colegas. Numerosas experiencias dan cuenta de nuevas formas de autoridad que reinventan su lugar, "haciendo lugar", a su vez, a las nuevas generaciones. Es posible que su mismo carácter de experiencia –como aquello que "nos pasa y nos transforma", en palabras de Larrosa– no nos permita generalizarlas, ni puedan decretarse o imponerse mediante normativas.

Estamos parados en el territorio de la invención, allí donde el desierto se vuelve "terreno de juego", recreación de sentido. Las viejas generaciones, los adultos en las escuelas podemos elegir, si la apuesta es decisión singular y colectiva: transformar el desierto en lugar habitable sosteniendo nuevas posiciones, arriesgando la mirada, interrumpiendo la queja, haciendo visible otras relaciones. Las nuevas generaciones aún no pueden elegir, en este tiempo de la vida dependen –en gran medida– de nuestras imaginaciones.

Por eso, surge la propuesta para cerrar momentáneamente este texto y dar lugar a otros textos, una invitación al pensamiento y a la acción, a la vez: preguntarnos hoy, en nuestros contextos, ¿qué puede una autoridad?, desde el convencimiento de que puede, sin que estos intentos de respuesta sea tomados como simple "voluntarismo" o prescripciones ingenuas.

"¿Qué puede una autoridad?"

- Hacer que la "casa común" sea habitable, que adultos y jóvenes puedan entrar y salir de ella, que haya espacios compartidos e íntimos, tiempos de acción y pausas permitidas.

- Transitar de un sistema explicador que confirma la lógica de superiores explicadores - inferiores explicados a una perspectiva de la transmisión, el "hablar los conocimientos como lenguas", hacerse responsable de un lugar de "pasador de cultura", "posta parental" que garantiza nuevos lugares, en la recreación de esa cultura.

- "Hacer experiencia" con la palabra –sus diversas modalidades y formas de circulación– desarticulando lo ya sabido, ya hecho, ya pensado para que lo no sabido, no hecho, no pensado aún aparezca como posibilidad en sí misma y en los otros (en espacios institucionales diversos, en relaciones pedagógicas, en relaciones entre pares docentes).

- Comprender el ejercicio de autoridad como una relación entre diferencias, "entre dos" que han recorrido diversos caminos en la vida y en el mundo del conocimiento.

- Confiar en la eficacia simbólica de gestos, acciones y modos de palabra cuando éstos instauran un lugar de reconocimiento para el otro; intentar una modalidad "transversal" de ejercicio de la autoridad: la que no pide directamente obediencia, sumisión, respuesta inmediata.

- Hacer buenas lecturas de lo que demandan niños, niñas y adolescentes de una autoridad (sabiendo dar tiempo, dejando actuar lo que hoy ocurre, haciendo lugar a lo que aún no puede desplegarse, esperando otras respuestas en un tiempo diferido).

- Sostener el "a la vez", escapando a la lógica de las oposiciones sujeto-cultura, individuo-sociedad, interno-externo, y articulando en el medio de experiencias de enseñanza y aprendizaje:

  • lo colectivo y lo singular la ley y la experiencia

  • lo universal y la construcción singular de lo individual

  • lo fundante y lo emergente

  • la palabra y el silencio que autorizan

  • el ejercicio de su autoridad y la autorización de otros

- Rechazar la fatalidad para inventar escenas imaginarias, ficciones de lo real, donde quienes no hablan aún, tengan voz, se hagan visibles, aporten sus saberes, desplieguen sus potencialidades poniéndolas "en acto" (aun cuando esto parezca imposible).

- Armar dispositivos educativos/escolares diferentes (tiempos, espacios, propuestas) o volver a pensar los ya existentes como "disposición de lugares diferenciados", allí donde se garantiza el tiempo de infancia y adolescencia indispensables para ser sujetos: dar lugar a lo nuevo, garantizar/sostener/fortalecer lo frágil que nace.

- Recrear formas de autoridad junto con otros adultos, mostrar a los niños, niñas y jóvenes que la responsabilidad se comparte, se reparte, se asume de diferentes maneras, según distintas perspectivas adultas no siempre idénticas entre sí.

- Desplazarse de la autoridad a la autorización, habilitando a las nuevas generaciones a buscar sus propias formas de organizarse, establecer normas, redefinir tiempos y espacios, debatir problemas, proponer soluciones, discutir modalidades de trabajo.

- Ser hospitalario con "lo que viene", lo no calculable, lo que desborda lo imprevisto, lo no pensado aún.

- Dar paso a nuevas imaginaciones amadas donde haya lugares de encuentro entre generaciones, relatos, historias, textos y pasajes de un texto a otro.

Es posible –y deseable– que este texto dé lugar a otros textos, en forma de escritura o de palabras dichas en diversos espacios, entre adultos o entre generaciones, en forma de ensayos de nuevas relaciones donde aprender y enseñar y de otras miradas sobre la escuela y sus habitantes.

Es posible que dialoguemos a la distancia, entre autora y lectores y que sigamos conversando con otros autores, otros prestadores de palabras, recuperando ideas, intercambiando pensamiento, probando acciones necesarias donde educar renueve sentidos.

Las condiciones contemporáneas en las que vivimos y trabajamos nos demandan, como dijimos al inicio, reconocer este tiempo de transformación, intentar detener la in-significancia e inventar nuevos espacios de subjetivación. La continuidad de una transmisión que nos incluye sólo puede garantizarse desplegando a partir de las nuevas generaciones lo que no está dado aún, lo inédito, lo por venir. Contamos con los espacios que nos brindan las instituciones, el encuentro cotidiano con ellos y ellas –los nuevos–, su espera y esperanza de que el adulto esté allí. Contamos con la siempre abierta posibilidad del pensamiento, en el lazo con otro, en lo singular que nos separa y en la igualdad que nos reúne.

Bibliografía

AGAMBEN, G. (2003) *Infancia e historia.* Adriana Hidalgo. Buenos Aires.

———— (2005) *Profanaciones.* Adriana Hidalgo. Buenos Aires.

AULAGNIER, P. (1988). *La violencia de la interpretación. Del pictograma al enunciado.* Amorrortu. Buenos Aires.

ARENDT, H. (1963) *Sobre la revolución.* Alianza. Madrid. (Versión en español de Pedro Bravo, 1988.)

———— (1972) *La crise de la culture.* Gallimard. Paris.

BADIOU, A. (1998) *Abrégé de métapolitique.* Ed. Du Seuil. Paris.

BAQUERO, R. (1997) "La pregunta por la inteligencia". *Propuesta educativa.* Año 8. N° 16. FLACSO. Buenos Aires.

———— (2001) "La educabilidad bajo sospecha". En *Cuaderno de Pedagogía.* N° 9. Rosario.

———— (2002) "Del experimento a la experiencia escolar. La transmisión educativa desde una perspectiva psicológica situacional". En *Perfiles educativos.* Tercera época. Vol. XXIV. N° 97-98. Pp. 57-75. México.

BAQUERO, R., M. B. GRECO, DOCENTES DE LA ESCUELA 57 (2007) "Un proyecto de no gradualidad: variaciones para pensar la escuela y sus prácticas". En BAQUERO, R., G. DIKER y G. FRIGERIO (Comps.) *Las formas de lo escolar.* Del estante editorial. Buenos Aires.

BAUMAN, Z. (2003) *Modernidad líquida.* Fondo de Cultura Económica. Buenos Aires.

BLEICHMAR, S. (2006) *No me hubiera gustado morir en los 90.* Taurus. Buenos Aires.

BURMAN, E. (2000) *La deconstrucción de la psicología evolutiva.* Visor, Madrid.

CASTEL, R. (2004) *La inseguridad social ¿Qué significa estar protegido?* Manantial. Buenos Aires.

CASTORIADIS, C. (1997) "Crisis del proceso identificatorio". En *El avance de la insignificancia.* Eudeba. Buenos Aires.

———— (1997) "Hablando con Cornelius Castoriadis". Revista *Le Nouveau Politis* 434. www.topia.com.ar/articulos/castoriadis.htm

COHEN, D. (2004) *Du possible au virtuel: la scène politique.* En Labyrinthe 17. Dossier: "Jacques Rancière, l'indiscipliné." Paris.

CORNU, L. (2002) "Responsabilidad, experiencia, confianza". En FRIGERIO, G. (Comp.) *Educar. Rasgos filosóficos para una identidad.* Santillana. Buenos Aires.

———— (2002) *Confiance, éducation, émancipation.* Conferencia pronunciada en Gerone. 18 Octobre.

———— (2003) *La confiance comme relation "emancipatrice".* Comunicación en el Coloquio "La structure cognitive de la confiance". École des Hautes Études en Sciences Sociales.

———— (2005) "Autorité, hospitalité". En *La crise de la culture scolaire* (Actes de colloque). Bajo la dirección de Denis Kambouchner y François Jacquet-Francillon. PUF. Paris.

———— (2005) *Transmisión y temporalidad.* Mimeo.

CUADERNO DE PEDAGOGÍA DE ROSARIO Nº 11 (2003) Dossier 2 "Igualdad y libertad en educación: a propósito de *El maestro ignorante,* de Jacques Rancière". Rosario. Centro de Estudios en Pedagogía Crítica.

CHATEAUBRIAND, F. (1989) *Mémoires d'outre-tombe.* Gallimard, "La Pléiade". Paris.

DELEUZE, G. (1999) "Poscriptum sobre las sociedades de control" en *Conversaciones* 1972-1990, Pretextos, Valencia.

DE GANDT, M. (2004) *Subjectivation politique et énonciation littéraire.* En Labyrinthe Nº 17. Dossier "Jacques Rancière: l'indiscipliné".

DERRIDA, J. y E. ROUDINESCO (2003) "Imprevisible libertad". En *Y mañana qué...* Fondo de Cultura Económica, México.

DERRIDA, J. y A. DUFOURMANTELLE (2000) *La hospitalidad.* De la Flor. Buenos Aires.

DOHERTY B. (2002) "Volando a oscuras. Conversación con Berlie Doherty" en ALEMÁN, G. *Revista Espacios para la lectura.* Año VII. Nº 6-7, p. 9.

DOUAILLER, S. (2002) *Autoridad, razón, contrato.* En FRIGERIO, G. (Comp.) *Educar. Rasgos filosóficos para una identidad.* Santillana. Buenos Aires.

————— (2003) "Calypso no podía consolarse de la partida de Ulises". En el Dossier "Igualdad y Libertad en educación: a propósito del Maestro ignorante, de Jacques Rancière". Rosario. *Cuaderno de Pedagogía de Rosario* Nº 11.

DURIETZ, M. A. (1829) *Enciclopédie Normale de la Méthode Jacotot. Traité complet de la Méthode Jacotot.* Paris.

ENCYCLOPÉDIE PHILOSOPHIQUE UNIVERSELLE. LES NOTIONS PHILOSOPHIQUES. DICTIONNAIRE 1 (1998) Paris.

FOUCAULT, M. (1996) *¿Qué es la Ilustración?* Madrid. La piqueta.

————— (1996) *El orden del discurso.* Madrid. La piqueta.

————— (1996) *Hermenéutica del sujeto.* Buenos Aires. Altamira.

FRIGERIO, G. (2002) (Comp.) *Educar: rasgos filosóficos para una identidad.* Santillana.

FRIGERIO, G. (2006) "Infancias (apuntes sobre los sujetos)" En TERIGI, F. (Comp.) *Diez miradas sobre la escuela primaria.* Siglo Veintiuno. Buenos Aires.

FRIGERIO, G. y G. DIKER (Comps.) (2003) *Infancias y adolescencias. Teorías y experiencias en el borde. La educación discute la noción de destino.* Bs. As. CEM. Noveduc.

————— (2005) *Educar: ese acto político.* Buenos Aires. Del estante editorial.

GAUNY, G. (1983) *Le philosophe plébéien*. Textes présentés et rassemblés par Jacques Ranciére. Ed. La Découverte/Maspero. Paris.

GRECO, M. B. (2005) "Autoridad, ley, palabra". En AVERBUJ, G., L. BOZZALLA, M. MARINA, G. TARANTINO y G. ZARITZKY. *Violencia y escuela. Propuestas para comprender y actuar.* Aique. Buenos Aires.

JABÉS, E. (1991) *El libro de las preguntas.* Vol II. Siruela. España.

JACOTOT, J. (1829) *Enseignement Universel. Langue Maternelle.* Chez l'éditeur, au bureau du Journal de l'émancipation intelectuelle. Paris.

JACOTOT, J. (1829) *Enseignement Universelle. Philosophie Panécastique.* Chez l'éditeur, au Bureau du Journal de l'emancipation intellectuelle. Paris.

——————— (1829) *Enseignement Universel. Musique.* Chez l'éditeur, au bureau du Journal de l'émancipation intelectuelle. Paris.

——————— (1830) *Enseignement Universel. Langue Etrangére.* Chez l'éditeur, au bureau du Journal de l'émancipation intelectuelle. Paris.

——————— (1835) *Enseignement Universel. Matémathiques.* Mansut fils. Paris.

——————— *Émancipation intellectuelle de la garde nationale parisienne. Lettre du fondateur de l'enseignement universel au general Lafayette.* (signé: J. Jacotot. 21 août) (texte imprimé). Impr. De Ducessois. (s.d.) Paris.

——————— (1841) *Mélanges posthumes.* Chez l'éditeur, au bureau du Journal de l'émancipation intelectuelle. Paris.

KAMMERER, P. (2000) *Adolescents dans la violence.* Gallimard. Paris.

KANTOR, D. (2005) *Adolescentes, jóvenes y adultos. Propuestas participativas en recreación.* CEDES. Buenos Aires.

KOHAN, W. (2003) *Infancia. Entre educación y filosofía.* Laertes. Barcelona.

——————— (2006) *Infancia, política y pensamiento. Ensayos de filosofía y educación.* Del estante editorial. Buenos Aires.

KOJÈVE, A. (2004.) *La notion de l'autorité.* Paris. Ed. Gallimard. (Edición en castellano: (2007) *La noción de autoridad.* Nueva Visión. Buenos Aires.)

LARROSA, J. (2003) *Entre las lenguas. Lenguaje y educación después de Babel.* Laertes. Barcelona.

——————— (2003) "La experiencia y sus lenguajes". En http://www.me.gov.ar/ currriform/publica/oei_2003128/ponencia_larrosa.pdf

LARROSA, J. y W. KOHAN (2003) *Igualdad y libertad en educación.* Cuaderno de pedagogía Nº 11. Rosario.

LABYRINTHE Nº 17. (2004) Dossier "Jacques Rancière l'indiscipliné". Paris.

LEWKOWICZ, I. (2004) *Pensar sin estado.* Paidós. Buenos Aires.

LEWKOWICZ, I. y C. COREA (2005) *Pedagogía del aburrido. Escuelas destituidas, familias perplejas.* Paidós. Buenos Aires.

LEWKOWICZ, I. y GRUPO DOCE (2003) *Del fragmento a la situación.* Altamira. Buenos Aires.

LYOTARD, J. F. (1992) *Mainmise.* Philosophy Today.

——————— (1997) *Lecturas de infancia.* Eudeba. Buenos Aires.

MICHAUD, Y. (1997) *Les pauvres et leur philosophe.* Critique. Paris.

MEIRIEU, P. (1998) *Frankestein educador.* Laertes. Barcelona.

NAVET, G. (Comp.). (2002) *L'émancipation.* L'Harmattan. Paris.

NICASTRO, S. (2006) *Revisitar la mirada sobre la escuela. Exploraciones acerca de lo ya sabido.* Homo Sapiens Ediciones. Rosario.

RANCIÈRE, J. (1981) *La nuit des prolétaires. Archives du rêve ouvrier.* Pluriel. Paris.

——————— (1983) *Le philosophe et ses pauvres.* Fayard. Paris.

———— (1985) "La sécession sur l'aventin. Savoirs hérétiques et émancipation du pauvre". En *Les sauvages dans la cité. Autoémancipation du peuple et instruction des prolétaires au XIXeme siécle*. Du Champ Vallon. Paris.

———— (1987) *Le maitre ignorant. Cinq leçons sur l'émancipation intellectuelle*. Paris. Fayard. (Versión en español: (2003) *El maestro ignorante. Cinco lecciones sobre la emancipación intelectual*. Barcelona. Alertes.)

———— (1991) *Breves viajes al pais del pueblo*. Nueva Visión. Buenos Aires.

———— (1995) "Philosophie et politique". *Magazine littéraire*, N° 331.

———— (1996) *El desacuerdo. Política y filosofía*. Nueva Visión. Buenos Aires.

———— (1998) *Aux bords du politique*. La Fabrique. Paris.

———— (2000) "Biopolitique ou politique? Entretien avec Eric Alliez". *Multitudes* N° 1.

———— (2004) "Sur le maître ignorant". *Multitudes* (texto web: http// multitudes.samizdat.net/article.php3/id_article-1714).

SKLIAR, C. y G. FRIGERIO (Comps.) (2005) *Huellas de Derrida. Ensayos pedagógicos no solicitados*. Del estante editorial. Buenos Aires.

STIEGLER, B. (2003) *Aimer, s'aimer, nous aimer*. Ed. Galilée. Paris.

TASSIN, E. (2002) "Poder, autoridad, violencia y acción política (la crítica arendtiana de la dominación)". En FRIGERIO, G. (Comp.) *Educar. Rasgos filosóficos para una identidad*. Santillana. Buenos Aires.

TENTI, E. y otros (2004) "Educabilidad en tiempos de crisis". En *Novedades Educativas* Año 16. N° 168. Buenos Aires.

VERMEREN, P. (2002) "Igualdad, comunidad, emancipación". En FRIGERIO, G. (Comp.) *Educar. Rasgos filosóficos para una identidad*. Santillana. Buenos Aires.

VERMEREN, P., L. CORNU y A. BENVENUTO (2003) "La actualidad de El maestro ignorante. Entrevista con Jacques Ranciére". En *Cuaderno de Pedagogía de Rosario* Nº 11.

VIRNO, P. (2003) *Gramática de la multitud. Para un análisis de las formas de vida contemporánea.* Colihue. Buenos Aires.

VOCABULAIRE TECHNIQUE ET CRITIQUE DE LA PHILOSOPHIE. (1996) André Lalande. Presses Universités de France. Paris.

Referencias literarias

AUSTER, P. (2007) *Brooklyn Follies.* Anagrama. Barcelona.

BORGES, J. L. (1996) "La muralla y los libros". En *Otras inquisiciones.* Emecé. Buenos Aires.

DICKINSON, E. (2004) "Aprendizaje". En *Amor infiel. Emily Dickinson por Nuria Amat.* Losada. Buenos Aires.

KAFKA, F. (2003) "Ante la ley". En *Relatos completos.* Losada. Buenos Aires.

———— (2003) "La colonia penitenciaria". En *Relatos completos.* Losada. Buenos Aires.

PAZ, O. (1981) "Apéndice. La dialéctica de la soledad". En *El laberinto de la soledad.* Fondo de Cultura Económica. México.

SAER, J. J. (2000) "Lo visible". En *Lugar.* Planeta/Seix Barral. Buenos Aires.

YOURCENAR, M. (1991) *Alexis o el tratado del inútil combate.* Alfaguara. Madrid.

———— (1995) "Cuadernos de notas a las memorias de Adriano". En *Memorias de Adriano.* Sudamericana. Buenos Aires.

El presente texto surge, parcialmente, de la investigación realizada por la autora para su tesis de maestría en la Universidad Paris VIII, publicada en 2007 por la Editorial L'Harmattan, Paris, con el título "Rancière et Jacotot. Une critique du concept d'autorité".

Made in the USA
Las Vegas, NV
30 September 2021